商业银行·赢在软实力系列丛书

黄勋敬 著

Bank Risk Manager
Soft Power Model

银行风险经理
软实力修炼

中国金融出版社

责任编辑：贾　真
责任校对：李俊英
责任印制：丁淮宾

图书在版编目（CIP）数据

银行风险经理软实力修炼（Yinhang Fengxian Jingli Ruanshili Xiulian）/
黄勋敬著．—北京：中国金融出版社，2014.8
ISBN 978 - 7 - 5049 - 7549 - 2

Ⅰ.①银…　Ⅱ.①黄…　Ⅲ.①商业银行—风险管理—中国
Ⅳ.①F832.33

中国版本图书馆 CIP 数据核字（2014）第 110702 号

出版
发行　　**中国金融出版社**

社址　　北京市丰台区益泽路 2 号
市场开发部　（010）63266347，63805472，63439533（传真）
网上书店　http://www.chinafph.com
　　　　　　（010）63286832，63365686（传真）
读者服务部　（010）66070833，62568380
邮编　　100071
经销　　新华书店
印刷　　北京松源印刷有限公司
尺寸　　169 毫米×239 毫米
印张　　11.5
字数　　182 千
版次　　2014 年 8 月第 1 版
印次　　2014 年 8 月第 1 次印刷
定价　　27.00 元
ISBN 978 - 7 - 5049 - 7549 - 2/F.7109
如出现印装错误本社负责调换　　联系电话（010）63263947

题　　词

　　本丛书通过大量的实证调查研究，构筑了核心岗位的软实力任职标准，这对促进银行职业化进程与提升民族银行业绩效具有重要意义。

　　　　　　　　　　中国银行业协会专职副会长　　　杨再平

　　本丛书从软实力模型的视角对商业银行核心岗位的软实力进行了解码，通过新的研究思路找出了卓越任职者的核心要素，并且结合实际案例，系统而又深入浅出地进行了分析，相信会对银行从业者产生深刻的影响。

　　　　　　　　　　中国工商银行前副行长

　　本丛书对商业银行核心岗位的软实力模型进行了系统而又深入的研究，树立了培养未来任职者的参照标杆，特别是提供了很多切实可行、易于操作的经典案例，有助于新一代银行从业者的成长。

　　　　　　　　　　南京大学商学院院长、博士生导师　　　赵曙明

　　本丛书抓住我国商业银行从业者职业化中的关键环节进行系统而深入的探讨。在实现多学科和多角度整合的基础上突出了重点，有较好的内在逻辑性。因此，这是一套在学术和实践应用上都具有借鉴价值的前沿性专著。

　　　　西南财经大学中国金融研究中心名誉主任　　曾康霖

　　本丛书兼具理论性和实践性，特别适合银行从业者、未来银行的明日之星以及金融管理者、咨询顾问、培训师以及金融专业的教师、学生阅读，是银行从业者的良好培训教材。

　　中国社会科学院金融研究所副所长、《银行家》杂志主编

序

构建银行核心岗位软实力模型，打造行业软实力标准

今天，商业银行的经营环境已发生了翻天覆地的变化。在这个特殊的时代，挑战越来越多：经济全球化、全球金融危机、更加突出的不确定性……要面对这些挑战，就更需要高素质的商业银行人才。在现今的环境中，商业银行人才的挑选和培养比过去任何年代更凸显它的战略重要性。

在新的时代环境快速改变的情况下，商业银行最需要什么样的核心岗位任职者？换句话说，我们需要培育什么样的人才来引领商业银行前进？在我看来，商业银行核心岗位任职者必须具备两个力：一个是硬实力，即任职者必须具备相应的学历、资历、业绩等外在的硬件要求，这是成就一名优秀现代商业银行从业者的基础。当然，只有外在的这些硬要求还不够，还必须具备软实力，而这些软实力的标准何在？

对于这个问题，黄勋敬博士的团队利用产、学、研相结合的良好平台，进行了系统的实证探索。他通过对大规模经典行为事件访谈和问卷调查，利用实证研究方法及追踪研究方法对"商业银行核心岗位的软实力模型"进行了长期的探索，构筑了商业银行核心岗位的软实力标准。在此基础上，作者推出了"商业银行·赢在软实力系列丛书"，其中内含银行行长、个人客户经理、对公客户经理、风险经理、产品经理以及理财经理等银行核心岗位的软实力胜任标准。

本丛书不仅构建了不同核心岗位的软实力模型体系，更重要的是基于不

同的软实力模型，通过成功或失败的真实案例，富有针对性地剖析了任职者的软实力提升路径，从而更好地发挥核心岗位的优势，推动现代商业银行向高绩效的"旗舰型"组织发展。

　　本丛书的重要贡献在于构筑了商业银行核心岗位的软实力标准，这无疑对促进银行职业化进程与提升民族银行业绩效具有重要意义。

杨再平

中国银行业协会专职副会长

自序：我们能够帮到您什么

一、我们发现了什么

长期以来，本人一直坚持产、学、研相结合，并专注于行为经济（金融）、人力资源管理和银行管理的研究和应用。通过在商业银行十多年的工作体验，历经银行基层行、省行和总行的工作实践，并通过参与中国工商银行总行、粤海集团（香港）、南方航空公司等企业的管理咨询工作，我越来越觉得：人才，尤其是核心岗位的人才，是任何银行在激烈的市场竞争中胜出的关键。"得人才者得天下！"如何选拔、培育人才是各家商业银行竞争的关键。一直以来，对于应如何选拔和培育人才，我们更多地是看候选人外在的硬件要求，如其学历、经历等，而对其内在的素质等"软实力"的要求较少。事实上，理论和实践表明，一个任职者内在的或深层次的动机、特质等深刻地影响其绩效。由于缺乏有效的工具，当前对这个领域的探索更多的是一些实战经验体会，未能形成关于商业银行核心岗位的软实力的可信标准，未能从实证的角度对此提出被业界信服的行业标准。因此，开展聚焦于银行核心岗位软实力任职标准的研究和应用至关重要。

二、我们做了什么

以提升民族银行业管理水平为己任，我和我的团队站在行业的角度对商业银行核心岗位的软实力模型（胜任力模型）进行了为期七年多的系列研究。我们开展了对商业银行管理层（行长）以及前台、中台、后台核心岗位（个人客户经理、对公客户经理、产品经理、风险经理以及理财经理）的实证研究，构建了六大核心岗位的软实力胜任模型，形成了六大核心岗位的软实力任职标准。

　　我们的课题组得到了中国银行业协会和中国城市金融学会的支持。同时，在国家自然科学基金重点项目"转型经济下我国企业人力资源管理若干问题研究"（批准号70732002）和"企业经营者任职资格测评体系研究"（批准号70732036）等项目的资助下，研究工作历时七年多，通过在北京、广州、上海、西安、昆明等城市的商业银行的走访和问卷调查，收集各类相关资料、信息和数据（其中包括访谈录音资料、文本和问卷），运用行为事件访谈、问卷调查、数据统计分析等科学的研究方法，构建了"商业银行核心岗位软实力模型"。

　　虽然本人任职于中国工商银行（国内最大的银行以及全球市值最大的银行），但是我们的研究不局限于工商银行，我们有大量来自其他银行的被试，从而使本研究具有较强的代表性。在产、学、研相结合的基础上，我们以共同锻造银行业精英、促进民族银行业发展的国家责任感为使命，对课题组近期的实践探索进行整理，并进一步将其体系化后整理成册与业界共享。到目前为止，我们推出了"商业银行·赢在软实力系列丛书"（七本）。

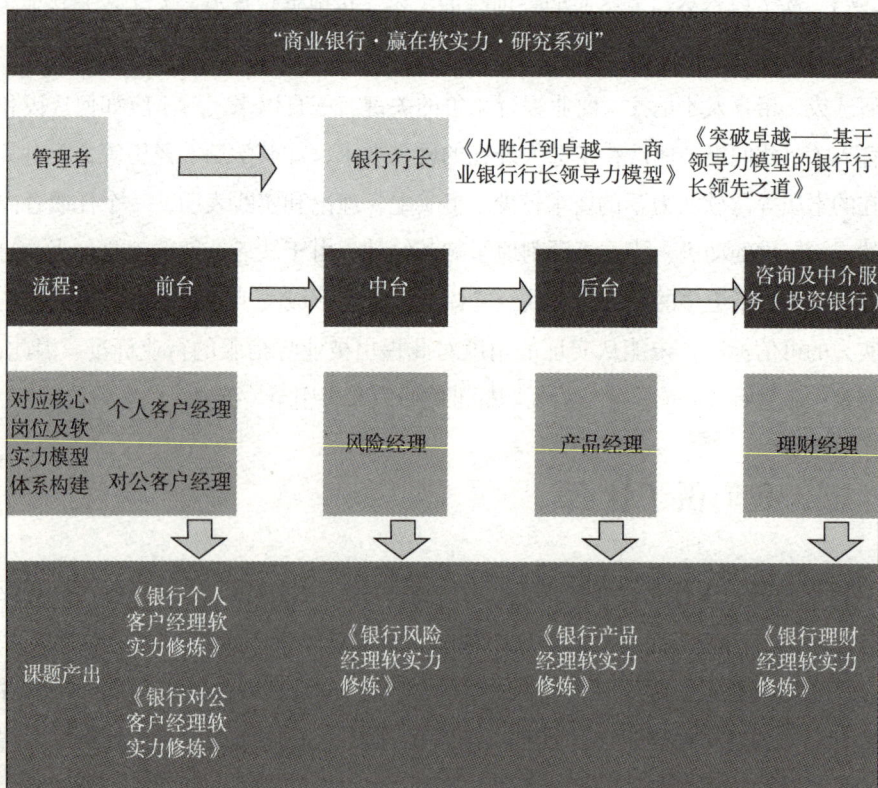

"商业银行·赢在软实力·研究系列"

管理者 ➡ 银行行长	《从胜任到卓越——商业银行行长领导力模型》	《突破卓越——基于领导力模型的银行行长领先之道》

流程：	前台 ➡	中台 ➡	后台 ➡	咨询及中介服务（投资银行）

对应核心岗位及软实力模型体系构建：个人客户经理 / 对公客户经理　　风险经理　　产品经理　　理财经理

课题产出：《银行个人客户经理软实力修炼》《银行对公客户经理软实力修炼》　　《银行风险经理软实力修炼》　　《银行产品经理软实力修炼》　　《银行理财经理软实力修炼》

三、我们能帮您什么

本系列丛书具有以下特点。

特点之一：本丛书构建了基于商业银行核心岗位的软实力任职标准，剖析了商业银行核心岗位任职者软实力的提升路径，推动现代商业银行向高绩效的"旗舰型"组织转型。

特点之二：本丛书每一项软实力素质词条均配备了有针对性的真实案例，让广大读者能够理论联系实际，进行实战演练，真正做到学以致用。在案例的编写上，采用"软实力素质词条、案例、相关知识链接"的三段式结构，由点到面，由浅入深，将实证性与理论性有机结合，使得本丛书具有较强的实用性。

所以，我们的研究成果以及本丛书可以从以下方面帮到您。

"商业银行·赢在软实力系列丛书"能够帮您做什么？	
银行核心岗位	《从胜任到卓越——商业银行行长领导力模型》 《突破卓越——基于领导力模型的商业银行行长领先之道》 《银行个人客户经理软实力修炼》 《银行对公客户经理软实力修炼》 《银行风险经理软实力修炼》 《银行产品经理软实力修炼》 《银行理财经理软实力修炼》
关键词	银行核心岗位；软实力胜任标准；案例分享；榜样引领，典型成长；标准刻画；银行从业人员入职考试以及商业银行培训绝佳的辅导教材
目前的任职者	榜样学习，提升绩效
未来的银行"明日之星"	体验学习，入行导引。银行从业人员资格考试的软性辅导材料
银行管理者及人力部门	标准搭建，典型引领
银行培训体系	核心岗位培训的绝佳辅导教材
高校学者及学生	建模参考，量化论证
其他爱好人士	行业共享，管理无界

本丛书的形成以及最后出版得到了许多前辈、领导、同业朋友的支持与帮助，在此，特向所有关心帮助过课题组以及本丛书出版的朋友们表示最衷

心的感谢与最崇高的敬意！尤其是特别感谢中国工商银行总行侯本旗总经理、王云桂总经理，广东分行沈晓东行长、刘刚行长以及广东分行营业部李志鹏总经理等。本丛书是集体智慧的结晶，来自中山大学、南京大学和华南师范大学的金融管理学、管理心理学研究团队也参与了本书的编写工作，在此一并感谢！

　　本丛书的出版旨在与业界进行互动与交流，通过商业银行核心岗位软实力标准体系建设以及人员素质提升，共同推动民族银行业的进步与发展。在本丛书写作过程中，前人的研究成果发挥了重要的参考价值，本丛书已经在参考文献部分标注。如有个别因出处不详的文献未能清晰标注，敬请谅解。在此，再次向被引用的文章的作者表达最深的敬意！本丛书虽然是作者多年管理实践及研究心血所成，但是，由于作者的水平有限，书中不妥之处，敬请读者批评指正。

　　最后，我要感谢家人一直无私的关怀和支持！师长、亲人、同事、朋友们的支持与帮助是本丛书得以出版的力量源泉，在此，向各位曾经关心、帮助过本丛书出版工作的朋友们再次表示最衷心的感谢与诚挚的祝福！

于加拿大多伦多大学

目　录

商业银行风险经理软实力模型成功破土而出

第一章 什么是商业银行
风险经理软实力模型

本章提要 风险经理是商业银行内部面向客户、市场以及为全行各层次服务的风险研究专家、风险管理专家、风险防范服务专家和风险咨询专家。商业银行风险经理队伍的业绩表现在某种程度上直接代表了商业银行的风险管理水平。因此，采用什么标准来选拔和培育商业银行风险经理成为银行利益相关者关注的焦点。基于此，黄勋敬博士所带领的课题组历经七年多的长期追踪式探索研究（整个研究前后历经三次较大规模的问卷调查，参与研究的被试风险经理高达 1 639 人），终于构建起"商业银行风险经理软实力模型"，打造形成了风险经理的软实力胜任标准，可为商业银行风险经理的选拔、培育、绩效发展及职业生涯规划提供专业化的参考，帮助锻造卓越的风险经理，从而促进民族银行业的发展。本章对"商业银行风险经理软实力模型"进行了全景式的介绍。

一、商业银行风险经理软实力模型的素质要求

随着知识经济时代的到来，为了应对复杂多变的市场环境和金融危机的冲击，全球各大金融机构在组织结构上进行了重大改进，相继出现了独立的风险管理部门。1997 年全球风险协会（GARP）开始组织金融风险管理师（FRM）认证，成为国际上金融风险管理能力的权威认证。一年后巴塞尔银行监管委员会提出了"银行机构内控体系的框架"，强调了银行内部风险管理政策制定和控制机构的必要性。国外金融企业十分重视风险管理的独立岗位设置和任职者的能力培养，类似职位如风险执行官（Risk Officer）、风险分析师（Risk Analyzer）等。

在国内，四大国有商业银行也于2000年前后从香港逐步引入了银行风险经理制，以期通过对商业银行实施全面风险管理，提高风险预防和控制能力，实现利润最大化。目前，许多商业银行已成立了风险监控部或风险管理部，主要负责银行风险监控，在部门内设置了风险经理，对商业银行各项业务和资产进行专业化的风险识别、分析、评估、控制、管理和处置（刘晓勇，2006）。

从职责上来看，商业银行风险经理（Risk Manager）是指对商业银行各项业务和资产进行专业化的风险识别、分析、评估、控制、管理和处置的专业风险管理人员。这些专业人员根据商业银行的风险战略目标和风险偏好，按照各自的岗位职责和授权权限，具体专门从事风险识别、风险计量、风险评价、风险监测、风险报告和风险补偿等工作，实现商业银行对各条业务条线、各个经营部门、各个操作岗位上表现出来的信用风险、市场风险、操作风险和流动性风险等的监督、检查、评价、控制和管理（陈显忠，2006，财经价值中国网）。

综上所述，风险经理在商业银行具有重要的地位，其业务素质与工作质量的高低，直接关系到银行的风险防范与内控能力，直接影响到银行价值的实现水平。因此，风险经理能否胜任其职务，能否在其岗位上作出高水平的业绩，在某种程度上直接决定了商业银行转型与发展的成败。优秀的风险经理一直是各商业银行人才争夺战的焦点。如何选拔和培育合适的风险经理成为各商业银行面临的重要难题。实践表明，通过构建岗位软实力模型，形成软实力胜任标准体系无疑是一种有效的路径。当前商业银行在选拔与培育风险经理实践中，往往通过看候选人的硬实力来选拔。所谓硬实力是指候选人的学历、资历以及过往业绩等直观可现的条件。然而，理论研究与实践表明，只具备硬实力的风险经理，其实际业绩并不一定优秀。一些做得好的风险经理之所以优秀，是因为他们具备了风险经理潜在的软实力模型。风险经理的岗位任职软实力模型指商业银行风险经理岗位任职者所需具备的软性素质的集合，包括任职者的个性特征、自我形象、动机等。鉴于此，构建商业银行风险经理的软实力模型，明确该岗位的任职软实力标准对于商业银行的经营与发展意义重大。为此，本课题组历经七年多的长期跟踪式量化实证研究，终于构建起"商业银行风险经理软实力模型"，打造形成了风险经理软实力胜任标准，可为商业银行风险经理的选拔、培育、绩效发展及职业生涯规划提供专业的参考。本研究所建构的"商业银行风险经理软实力模型"（在本书中，软实力模型即指胜任力模型）包括11项软实力，下面对每个软实力的含义予以说明（见表1.1）：

表1.1　　　　　　　　　商业银行风险经理软实力模型

诚实正直	分析判断	风险驾驭
稳重严谨	成就导向	团队合作
责任心	规范意识	学习意识
信息搜集	专业知识	

（一）诚实正直

诚实正直是指风险经理做事公正，坚持自己的原则，不徇私舞弊，坚持正道的品格。作为银行业务的审批人和监督者，风险经理必须抗拒源源不断的外来诱惑，坚持原则，才能有效地防范操作风险等风险问题。正直的风险经理不会阿谀奉承，而是敢作敢为，恪守职业道德规范，公正无私，坚持维护银行的利益。

（二）分析判断

分析判断是指风险经理善于认清当前的形势，根据具体情况厘清事物之间的联系，及时发现可能存在风险的关键环节，能够对当前风险的形成与发展作出正确判断的能力。银行存在多种多样的经营风险，作为优秀的风险经理，必须具备丰富的从业经验，熟悉掌握一些定性或定量分析技术，对潜在

的风险进行有效的预测与预控，对现存的风险进行分析并提出管理方案。

（三）风险驾驭

风险驾驭是指风险经理能够时刻保持敏锐的风险洞察力，识别银行业务中潜在的风险，并对风险进行有效管理。风险驾驭是风险经理最基本的能力，也是最重要的能力。作为规避银行风险的主力军，风险经理的风险管理能力直接影响银行的生存。其核心问题包括：（1）风险经理能否把握各个业务领域的风险点，提前做好风险防范措施。（2）风险经理能否有目的地跟踪客户，做好贷后风险管理工作。（3）风险经理能否提前对业务员进行培训，对业务进行检查，防范操作风险。（4）风险经理能否站在银行的角度，定期对信贷风险、市场风险、流动性风险等作出评估，并提出系统可行的风险管理措施。

（四）稳重严谨

稳重严谨是指风险经理在工作中态度认真仔细，关注细节信息，做事考虑周详，尽可能地减少人为错误。风险经理负责银行业务经营的风险管理，其必须按照文件要求对每项业务进行严谨细致的审查和检查，尽可能做到考虑周全，才能够作出合理适宜的决策。

（五）成就导向

成就导向是指风险经理不满足于现状，不断地对自己提出更高的要求，敢于承担有挑战性的任务，具有强烈的成就意愿，把事业的成功当做人生最重要的事情。具有成就导向的风险经理常常以更高的绩效标准要求自己，不断进行自我激励，不懈追求事业的进步。

（六）团队合作

团队合作是指在工作过程中，风险经理与团队成员协同合作、密切团结，从而实现组织的共同目标。团队合作是组织提高核心竞争力的必要条件。风险经理必须具有团队意识和团队精神，才能更好地配合客户经理等上下级同事的工作，兼顾效率与规范，使组织中的资源得到最优化地利用，并产生更高的绩效。

（七）责任心

责任心是指风险经理能够认识到自己的工作对于银行的重要性，敢于负责，主动承担相应的责任，把实现银行的目标当成自己的目标而努力奋斗。风险经理对银行能够稳定经营有着重要的影响，责任心是每个风险经理的必备素质，责任心强的风险经理本着对工作高度负责的态度，精益求精，往往具有较好的执行力。

（八）规范意识

规范意识是指风险经理能够自觉地学习和认同银行的职业规范，自愿严格遵守银行的职业规范，包括经济、行政管理、业务技术、道德和法纪等各方面的行为规则。风险经理是银行的相关政策能够执行到位的有力审批者和监督者，对银行业务是否规范起着至关重要的影响。其核心问题包括：（1）风险经理是否具有很强的程序和规范意识，是否严格要求自己及下属，减少工作失误。（2）风险经理在日常工作中，是否遵守政策制度规定，是否要求高标准的工作质量。（3）风险经理能否积极对信贷员等其他相关人员进行培训，提高他们的规范意识，追求零违规操作。

（九）学习意识

学习意识是指风险经理具有强烈的学习动力，积极主动地学习银行经营及管理过程中需要的金融、经济、管理学、法学、心理学等各个方面的知识和技能。未来企业的竞争也是学习能力的竞争，未来的人才也必定是学习型人才。风险经理作为银行的核心岗位之一，对银行的经营有着极为重要的影响，因此，风险经理的学习能力能够极强地增大银行的应变能力，对银行的发展至关重要。

（十）信息搜集

信息搜集是指风险经理能够从各种纷繁复杂、不断更新的信息中获取所需的信息，有效地进行处理，从而帮助银行及时地规避风险，管理风险。在信息爆炸的今天，信息就是一把"双刃剑"。风险经理必须懂得如何利用信息，既要避免信息过载带来的沉重压力，也不可逃避信息，而应该有重点、有效率地从信息中发现可能存在的银行风险。总之，有效地收集信息，扬长避短，方能有效、及时地发现各种风险并制订有效的方案。

（十一）专业知识

专业知识是指风险经理具有从事金融行业风险管理及资产组合管理等活动过程中所需要的金融学、管理经济学、风险学、法学等方面的专业知识，并在新产品的推广销售工作、客户的开发及维系过程中能够提前做好各种风险防范措施的能力，同时也包括适时对客户经理进行业务规范培训的能力。

二、商业银行风险经理需要具备的独特软实力

（一）商业银行风险经理的职责及关键绩效

商业银行风险经理的职责范围包括信贷审查审批、风险识别和控制，以及风险监测管理等，如市场风险、操作风险、信用风险等。具体包括两方面。

一方面，根据业务发展和全面风险管理的需要，研究信贷业务发展方向和行业、区域性标准，组织创新信贷业务风险控制方法和技术工具，指导信贷业务的风险识别、计量、监督或控制，提出信贷风险管理建议，保障银行信贷业务的可持续发展。包括制定相关的信贷政策、管理办法和操作规程，专门从事信用评级、授信管理、贷款决策以及贷款跟踪监测等。关键绩效指标包括不良贷款额、不良贷款比率、新增不良贷款比率、信贷业务发展等。

另一方面，根据国家法律、监管法规以及银行内部全面风险管理的要求，通过全面风险管理体系建设，运用各种风险管理手段，防范、控制与化解风险，确保依法合规经营，包括风险管理制度的制定、风险管理系统的开发管理，不良贷款清收、监测和报告整个资产的风险水平，并对市场风险进行评估、识别、分析与防范，对经营管理活动进行控制与合规性检查、审计监督、检查与评价等。关键绩效指标包括全面风险管理有效性、操作风险损失率、监管部门与行内满意度、审计覆盖面、审计报告有效性等。

商业银行风险经理所涉及的风险管理领域，除了传统意义上的信贷业务风险之外，还需要从全行风险管理的角度，对前台、中台、后台等部门所面临的信用、市场和操作风险以及其他经营风险进行全面的监控，然后采取适宜、有效的方式进行评估、防范和控制风险，同时寻求最佳做法来分散风险。风险经理应该承担起对商业银行全面风险管理的职责。

（二）商业银行风险经理的分类与职业发展

风险经理大体分成两类，一类是职能风险经理，另一类是业务风险经理。职能风险经理主要任务是着重商业银行经营过程中的风险防范、控制和预警，研究各类风险对商业银行可能产生的影响、监控前台业务部门或其他风险管理部门的整体状况，发挥商业银行风险管理的第二道防线的功能，主要控制信用风险。业务风险经理则处于第一道防线上，负责全部业务流程的风险控制，根据业务品种来审视风险。一般在业务部、授信部、财务部的风险经理均属于业务风险经理，主要防范操作风险。

风险经理可依据其晋升路径进行纵向分类，也可依据巴塞尔新资本协议中银行风险的分类进行横向分类（见图1.1）。尽管当前市场风险、操作风险不断暴露，但是信用风险依然是我国商业银行面临的主要问题。

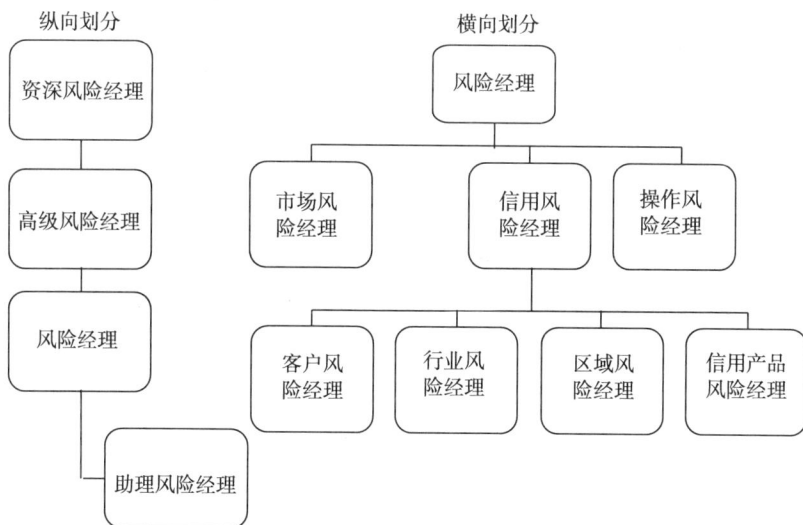

图1.1 商业银行风险经理分类及职业路径图

（三）风险经理职责所对应的软实力要求

本研究运用行为事件访谈法（BEI），通过实证研究和分析在国内银行界首度构建了"商业银行风险经理软实力模型"，将商业银行风险经理的软实力特征进行概念化。下面我们进一步分析商业银行风险经理所需要的软实力特征。

一般来说，商业银行风险经理的主要职责是对商业银行各项业务和资产管理进行专业的风险识别、分析、评估和控制。风险经理根据商业银行的风险战略目标和风险偏好，按照商业银行设定的授权权限，专门从事风险管理，包括风险识别、计量、评价、监测、报告和清收等工作，制定相关的政策制度，对具体的银行业务进行风险点的审查审批，对业务发展的合规性进行检查，实现商业银行对各业务线、各经营部门表现出来的信用风险、市场风险、操作风险、道德风险等进行严格监督、有力检查、有效控制和全面管理。每一项职责都有软实力特征与之对应。

因此，银行可以根据每个风险经理的具体职责确定合适的软实力特征，职责与软实力特征的对应情况见图1.2。

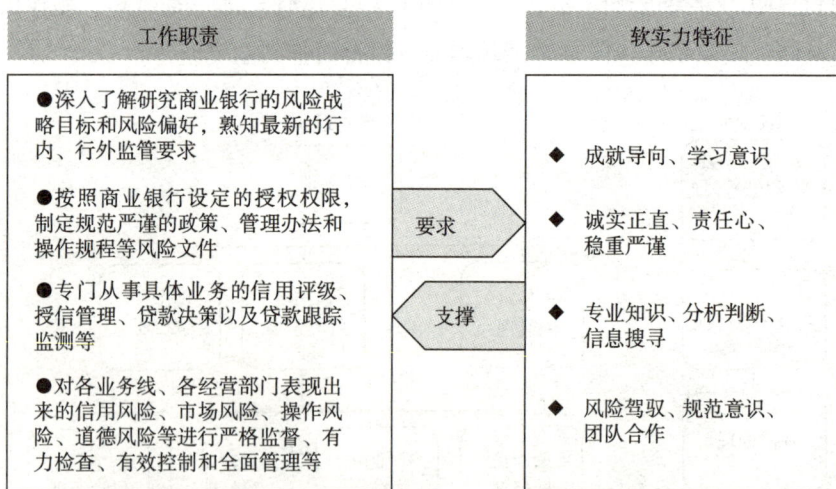

图1.2　商业银行风险经理软实力特征与具体工作职责对应图

（四）风险经理的特殊软实力要求

风险经理参与商业银行的某一类或者一系列风险的研究、衡量，参与制定和推动指导全行的风险管理战略目标，既是企业的管理者之一，又不同于一般的企业管理者。所以，风险经理某些软实力特征必然与一般企业管理者的软实力特征不一样。下面，我们对风险经理的特殊软实力进行分析。

综合相关学者的研究，一般职业经理人所应该具备的通用软实力特征包括个人品德、沟通能力、专业知识、全局思维、应变能力、学习能力、资源整合、责任心、问题解决能力等。本研究所阐述的风险经理软实力模型与该通用软实力特征相比，主要有以下差异：风险驾驭、规范意识、分析判断、信息搜寻、稳重严谨、诚实正直、成就导向。本书的软实力模型是建立在具体的岗位之上，体现商业银行风险经理这一特定岗位的特殊性（见图1.3）。

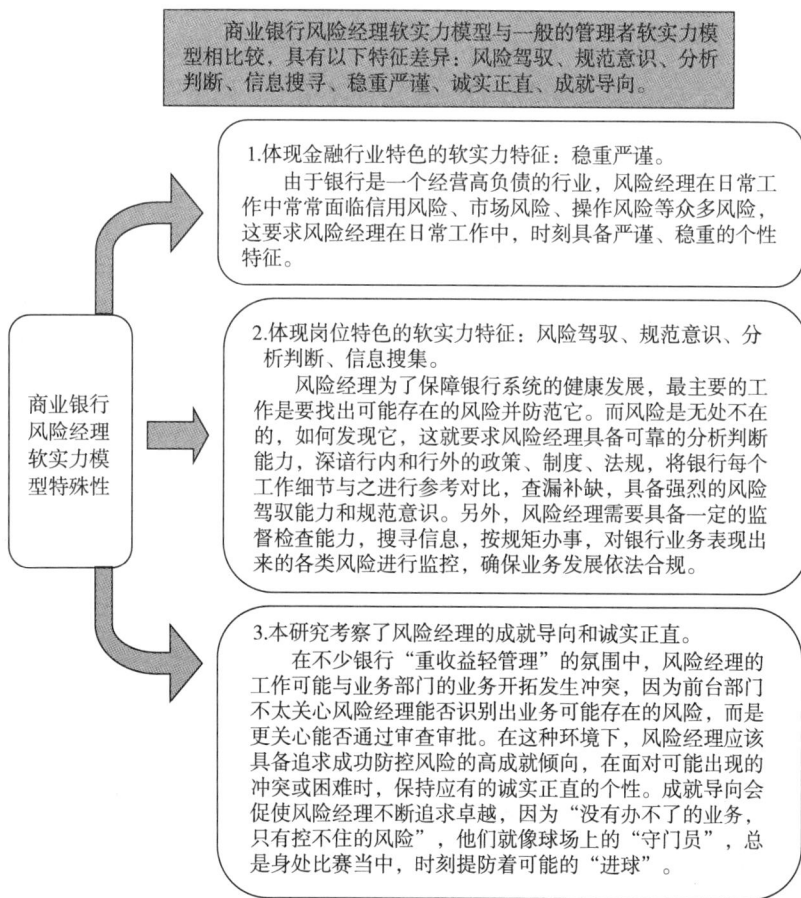

> 商业银行风险经理软实力模型与一般的管理者软实力模型相比较，具有以下特征差异：风险驾驭、规范意识、分析判断、信息搜寻、稳重严谨、诚实正直、成就导向。

商业银行风险经理软实力模型特殊性

1.体现金融行业特色的软实力特征：稳重严谨。

由于银行是一个经营高负债的行业，风险经理在日常工作中常常面临信用风险、市场风险、操作风险等众多风险，这要求风险经理在日常工作中，时刻具备严谨、稳重的个性特征。

2.体现岗位特色的软实力特征：风险驾驭、规范意识、分析判断、信息搜集。

风险经理为了保障银行系统的健康发展，最主要的工作是要找出可能存在的风险并防范它。而风险是无处不在的，如何发现它，这就要求风险经理具备可靠的分析判断能力，深谙行内和行外的政策、制度、法规，将银行每个工作细节与之进行参考对比，查漏补缺，具备强烈的风险驾驭能力和规范意识。另外，风险经理需要具备一定的监督检查能力，搜寻信息，按规矩办事，对银行业务表现出来的各类风险进行监控，确保业务发展依法合规。

3.本研究考察了风险经理的成就导向和诚实正直。

在不少银行"重收益轻管理"的氛围中，风险经理的工作可能与业务部门的业务开拓发生冲突，因为前台部门不太关心风险经理能否识别出业务可能存在的风险，而是更关心能否通过审查审批。在这种环境下，风险经理应该具备追求成功防控风险的高成就倾向，在面对可能出现的冲突或困难时，保持应有的诚实正直的个性。成就导向会促使风险经理不断追求卓越，因为"没有办不了的业务，只有控不住的风险"，他们就像球场上的"守门员"，总是身处比赛当中，时刻提防着可能的"进球"。

图1.3　商业银行风险经理的软实力独特性分析

综上所述,从岗位属性来看,体现商业银行风险经理职位特色的软实力特征有风险驾驭、规范意识、分析判断、信息搜寻。风险经理为了保障银行系统的健康发展,最主要的工作是要找出可能存在的风险并防范它。而风险是无处不在的,如何发现它,这就要求风险经理具备可靠的分析判断能力,深谙行内和行外的政策、制度、法规,将银行每个工作细节与之进行参考对比,查漏补缺,具备强烈的风险驾驭能力和规范意识。另外,风险经理需要具备一定的监督检查能力,搜寻信息,按规矩办事,对银行业务表现出来的各类风险进行监控、确保业务发展依法合规。

另外,本研究发现了风险经理的成就导向和诚实正直素质要求。在不少银行"重收益轻管理"的氛围中,风险经理的工作可能与业务部门的业务开拓发生冲突,因为前台部门不太关心风险经理能否识别出业务可能存在的风险,而是更关心能否通过审查审批。在这种环境下,风险经理应该具备追求成功防控风险的高成就倾向,在面对可能出现的冲突或困难时,保持应有的诚实正直的个性。成就导向会促使风险经理不断追求卓越,因为"没有办不了的业务,只有控不住的风险",他们就像球场上的"守门员",总是身处比赛当中,时刻提防着可能的"进球"。

风险经理的这些独特性素质要求拟合了构建软实力(胜任力)模型的初衷——要针对具体的岗位建立软实力(胜任力)模型,体现岗位本身的特殊性。当然,这些独特素质要求并不意味着其他行业的风险经理不需要这些素质,只是因为银行这一金融企业的独特性而对风险经理有特别的要求。

三、什么是风险经理的软实力特征群

软实力模型即为岗位胜任模型,根据 Spencer 关于胜任力的分类(Spencer, 1993),把商业银行风险经理软实力模型中的 11 种软实力特征,划分为五类软实力特征群,依次为成就特征、服务特征、个人特征、管理特征、认知特征。这些软实力群和它们所包含的具体的软实力,共同构成完整的"商业银行风险经理软实力模型"(见表1.2)。

表 1.2　　　　　　　　　商业银行风险经理软实力特征群

特征群	软实力
成就特征	成就导向、学习意识
服务特征	团队合作
个人特征	诚实正直、责任心、稳重严谨
管理特征	风险驾驭、规范意识
认知特征	分析判断、信息搜集、专业知识

　　一个完整的软实力模型体系，除了包括具体的软实力，还应该包括软实力的定义、核心问题、水平分级、行为描述和行为样例等几个部分。因此，后面章节将对此进行专门详尽的论述。

　　在介绍了"商业银行风险经理软实力模型"后，本书第二章将对如何产生此模型进行详细介绍。对构建模型过程不感兴趣的读者，可以直接跳过第二章和第三章，后面的章节有大量生动活泼的真实案例，相信能够帮助读者找到成长为优秀风险经理的路径。

第二章　商业银行风险经理软实力模型是如何构建的

本章提要　本章首先分析了构建"商业银行风险经理软实力模型"的意义和价值，然后在介绍软实力模型的定义和概念的基础上，重点对构建"商业银行风险经理软实力模型"的过程进行了阐释。在金融同业的大力支持下，课题组通过对商业银行绩效优秀风险经理与绩效普通风险经理关键行为特征的分析，辨别出高绩效风险经理所具备的软实力，建构起"商业银行风险经理软实力模型"，该模型可为商业银行风险经理的选拔、培育、绩效考核及职业生涯规划提供专业化的参考。

一、为什么要构建商业银行风险经理软实力模型

（一）商业银行的转型使风险经理选拔与培育面临新挑战

商业银行是国民经济的命脉，是政治稳定的"晴雨表"，商业银行的经营好坏直接关系国计民生。纵观商业银行的发展史，商业银行的竞争突出表现在人才之间的竞争。从某种意义来说，成功银行的背后必然有一支能征善战的队伍。因此，现代商业银行的人才竞争归根结底是高素质的人才队伍的竞争。面对全球经济金融一体化的冲击，面对复杂多变的经济金融形势，中资商业银行急需一大批优秀的风险经理来保障中资商业银行的健康发展。因此，深化中资商业银行体制机制改革，打造一支富有战斗力的职业化风险经理队伍是当务之急。

风险经理的职责范围包括信贷审查审批、风险识别和控制，以及风险监

测管理等，如市场风险、操作风险、信用风险等。可见，风险经理要对商业银行的全面风险负责任。银行业是一个高风险、高智商的行业，行业特性要求从业人员具有较高的职业道德水平和专业素质。而对作为商业银行全面风险管理者的风险经理的要求则更高。为了满足这种高要求，商业银行风险经理必须走职业化之路。职业化是现代管理的一大趋势，无论是职业政治家、职业军人、职业经济学家、职业医生……"职业"二字不但象征身份，也象征学识、阅历、专业。作为商业银行的全面风险管理者，风险经理的随机型任职现象也将逐步被职业化的任职所取代。职业化的核心是什么呢？在笔者看来，是以此为生，精于此道。

随着中资商业银行的转型与发展，商业银行风险经理的生成机制也将随之发生变化。如何在职业化背景下更科学地选拔和培育合适的风险经理成为摆在商业银行面前的重要课题。然而，在商业银行当前风险经理选拔与培育实践中，往往过分看重候选人的硬实力。所谓硬实力是指候选人的学历、资历以及过往业绩等直观可现的条件。但是，从实践来看，有些硬实力很强的风险经理，其实际业绩并不一定优秀。业绩好的风险经理之所以优秀，是因为他们具备了风险经理潜在的软实力模型。风险经理的岗位任职软实力模型指商业银行风险经理岗位任职者所需具备的软性素质的集合，包括任职者的个性特征、自我形象、动机等。鉴于此，从实证量化研究的视角构建商业银行风险经理的软实力模型，明确该岗位的任职软实力标准对于商业银行的经营与发展意义重大（见图2.1）。

（二）构建商业银行风险经理软实力模型的重要意义

鉴于我国银行业的行业特殊性以及对于选拔和培育优秀风险经理的迫切需要，黄勖敬博士所带领的课题组对"商业银行风险经理的软实力模型"进行了七年多的系统研究。课题组借鉴软实力模型的成熟理论，通过科学地范式构建起"商业银行风险经理软实力模型"，明确了风险经理选拔的软实力标准，并在此基础上编制形成了风险经理软实力胜任水平测评工具，从而为科学地测评、选拔、考核与培训风险经理提供了专业化的依据，帮助促进民族银行业管理水平的提升。

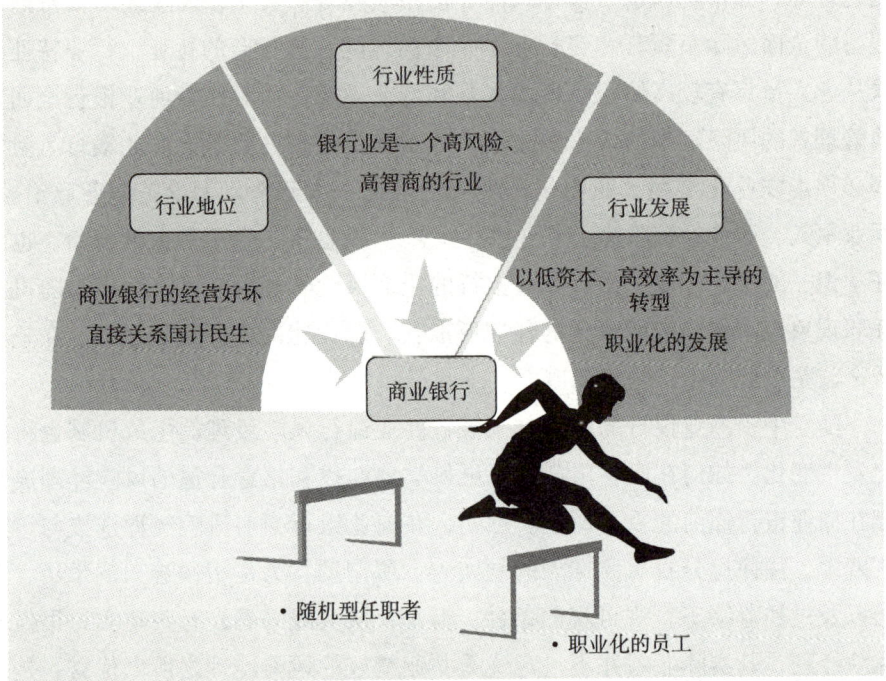

图 2.1　商业银行面临的职业化挑战

1. 构建"商业银行风险经理软实力模型"是打造风险经理选拔与培育"软实力"标准的必由路径

一直以来，对于应如何选拔和培育商业银行风险经理，我们更多的是看候选人外在硬件要求，如其学历、经历等，而对其内在的素质等软实力的要求较少。事实上，理论和实践表明，一个任职者内在的或深层次的动机、特质等深刻地影响其绩效。目前，由于缺乏有效的工具，当前对这个领域的探索更多的是一些风险经理的实战经验体会，未能形成关于风险经理的软实力的可信标准，未能从实证的角度对此提出被业界信服的行业标准。

借助软实力模型这一有效工具，通过实证和量化的方式，我们能够构建风险经理这一特殊岗位的软实力标准。有了这一标准，必将对商业银行进行职业化的风险经理的甄选、考核与培训提供有力的依据。商业银行风险经理软实力模型形成后，课题组着手构建了网络化的在线测评系统，这为商业银行科学地选拔风险经理、提高人岗匹配的程度提供借鉴，从而推动中国银行业管理水平的提升。

因此，构建"银行风险经理软实力模型"对于促进职业化风险经理队伍的规范发展具有积极的理论和现实意义。

2. 构建商业银行风险经理软实力模型是培育优秀风险经理的必由路径

随着世界经济一体化趋势的加强、市场竞争的加剧和高素质人才的供不应求，提高银行的管理能力和从业者绩效已成为重要议题。当前，银行的竞争能力很大程度体现在其从业者人力资源素质的高低上。因此，通过构建适合银行业的软实力模型，明确银行各类核心岗位的软性素质要求，员工将能够明晰自身的努力方向，学习提升软实力的核心思想和技能，进而自发培育组织所需要的核心竞争力，最终实现组织与员工的双赢。对于风险经理来说，有了软实力任职标准，就有了通往优秀业绩的路径，将帮助风险经理成长为一名优秀的职业化的从业者。

3. 构建"商业银行风险经理软实力模型"是丰富商业银行管理科学化研究的必由路径

由于银行业的行业特殊性及风险经理取样的困难性，目前国内对商业银行风险经理的软实力模型的实证研究相对较少。因此，本课题立足于将行为金融学、管理学和现代人力资源管理等理论应用于银行业的实践，从而弥补我国对于商业银行风险经理这一特殊领域的研究相对薄弱的现状，在一定程度上丰富国内在这个领域的研究，推进我国商业银行管理科学化研究。

二、软实力模型的定义、发展与应用

（一）软实力的定义

软实力（Soft Power）是一种能力，它能通过吸引力而非威逼或利诱达到目的，是一国或一个组织综合实力中除传统的、基于军事和经济实力的硬实力之外的另一组成部分。美国哈佛大学教授约瑟夫·奈是最早提出这一概念的人。这一概念的提出，明确了软实力的重要价值，将它提高到了与传统的硬实力同等甚至比其更为重要的位置——正如约瑟夫·奈所言："硬实力和软实力同样重要，但是在信息时代，软实力正变得比以往更为突出。"围绕软实力的一系列研究，明示人们以一种新型、全面和平衡的发展路径，在提升各级主体综合实力问题上启迪着人们的新思维。

对于岗位任职者来说，除了需要具备该岗位所必需的硬实力之外，更需要具备相应的软实力才能在本岗位实现从胜任到卓越的过渡。谈到岗位任职软实力，我们不得不提一个与此紧密相连、完全等价的概念，那就是"Competency"（胜任力或胜任素质）。胜任力是指动机、特质、自我概念、态度或价值观、某领域的知识、认知或行为技能——任何可以被可靠测量的，并且能够将表现优秀者和一般者区分开来的个体特征。胜任力的研究由来已久。麦克米兰博士对于胜任力的研究作出了开创性的贡献。基于对美国外事局甄选驻外联络官（Foreign Service Information Officers，FSIO）选拔的研究，1973年，麦克米兰博士开创性地发表了 Testing for Competence Rather Than for "Intelligence"一文。在该文中，麦克米兰博士批评了当时美国普遍应用智力测验、性向测验和学术测验来预测工作效绩，并以此作为选拔考核标准的状况，提出了"Competency"这个概念，并提出应该以"Competency"作为选拔考核的标准。对于"Competency"，中文翻译有很多种，如胜任力、胜任素质特征、胜任力素质等。胜任力研究是一种基础研究，它是选拔、招聘、培训、绩效考核等模块的基础。

在本书中，岗位软实力定义是指一些能把表现优异者和表现平平者区分开来的潜在的、较为持久的软性特征，能使人更好工作的潜在特质，包括在工作情景中员工的价值观、动机、个性或态度、技能、能力和知识等关键特征。可见，从岗位任职的角度来看，岗位软实力与岗位胜任力是等价的。① 软实力是驱动员工产生优秀工作绩效的各种个体特征的集合，反映的是可以通过不同的方式表现出来的知识、技能、个性与内驱力。它是判断一个人能否胜任某项工作的起点，是驱动并区分绩效好坏差异的个人特征的总和。

（二）软实力模型的定义

软实力模型（Soft Power Model）指岗位任职者所需具备的软性素质的集合，包括任职者的个性特征，自我形象、动机等。岗位软实力模型又称为胜任力模型（Competence Model），都是指为完成某项工作，达成某项绩效目标所具备的一系列不同胜任特征要素的组合，包括不同的动机表现、个性与品

① 鉴于都强调对岗位任职者的软性素质要求，因此，在本书中，岗位"软实力"与"胜任力"，岗位"软实力模型"与"胜任力模型"是等价概念，在文中可能互相代替。

质要求、自我形象与社会角色特征以及知识与技能水平。这些行为和技能必须是可衡量、可观察、可指导的，并对员工的个人绩效以及企业的成功产生关键影响（Spencer, 1993）。软实力模型主要回答两个问题：完成工作所需要的技能、知识和个性特征是什么，以及哪些行为对于工作绩效和获取工作成功来说是具有最直接的影响的（Sanchez, 2000）。

因此，本书定义的商业银行风险经理软实力模型指担任风险经理职务所需具备的软性素质的集合，即 $SM = \{SIi, i = 1, 2, 3, \cdots, n\}$，$SM$ 表示软实力模型，SI 表示软实力项目，SIi 即第 i 个软实力项目，n 表示软实力项目的数目。

（三）软实力模型的理论基础

与胜任力模型一样，软实力模型的理论基础是冰山模型（Iceberg Competency Model）和洋葱模型。如图 2.2 所示，各种软实力特征可以被描述为在水中漂浮的一座冰山。水上部分代表表层的特征，如知识、技能等；水下部分代表深层的软实力，如社会角色、自我概念、特质和动机，是决定人们的行为及表现的关键因素。又如图 2.3 所示：洋葱模型图最外面的是知识，代表最为表层的东西，也是最容易发展的部分；而最里面的是核心人格，如动机、特质，这些特质相对稳定，是不容易变化和发展的。

技能：个人运用自身所掌握知识的方式和方法

知识：个人在一个领域内所掌握的信息总和

社会角色：个人呈现给社会的形象

自我形象：个人对自己的形象定位

个性特点：个人以一定的方式产生行为的性情和气质

动机：对行为不断产生驱动作用的需要和想法

图 2.2　冰山模型图

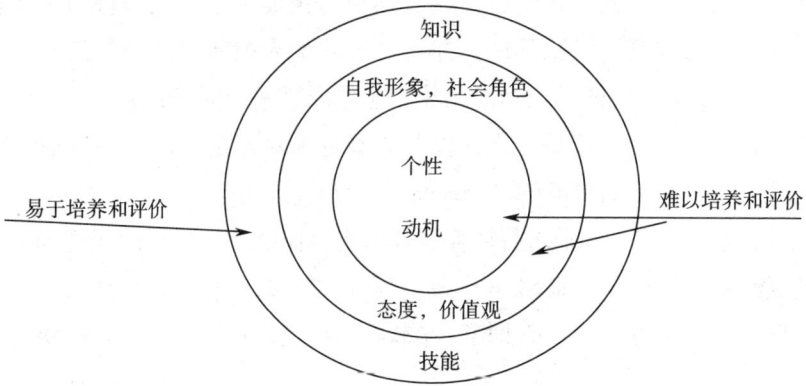

资料来源：Spencer, L. M. & Spencer, S. M.（1993），Competence at work：Models for Superior Performance. New York：Wiley.

图 2.3 软实力洋葱模型

1. 个性

个性是指个人典型的稳定的心理特征的总和，表现出来的是一个人对外部环境和各种信息的反应方式、倾向和特性。它是个性倾向性（需要、动机、兴趣、信念、理想和世界观等）和个性心理特征（气质、性格和能力等）的统一体。

2. 动机

动机是指引起、维持和指引人们从事某种活动的内在动力，推动并指导个人行为方式的选择朝着有利于目标实现的方向前进，并且防止偏离。动机的强烈与否往往决定行为过程的效率和结果。比如，具有强烈成功动机的人常常会为自己设定一些具有挑战性的目标，并尽最大努力去实现它，同时积极听取反馈争取做得更好。

3. 自我形象

自我形象是指个人对于自身能力和自我价值的认识，是个人期望建立的某种社会形象。自我形象的形成是一个具有社会性和渐进性的过程，并且需要借着感知领域的不断同化和异化持续塑造。自我形象一经形成，有拒绝改变的倾向，如有改变，情绪也会随着发生改变。自我形象作为动机的反应，可以预测短期内有监督条件下的个人行为方式。

4. 社会角色

社会角色是指个体在社会中的地位、身份以及和这种地位身份相一致的行为规范。个人所承担的角色既代表了他对自身具备特征的认识，也包含了他对社会期望的认识。社会角色是建立在个人动机、个性和自我形象的基础上，表现为个人一贯的行为方式和风格，即使个人所在的社会群体和组织发生变化也不会有根本改变。

5. 价值观

价值观是指一个人对周围的客观事物（包括人、事、物）的意义、重要性的总评价和总看法，是决定人的行为的心理基础。价值观具有相对的稳定性和持久性，在特定的时间、地点、条件下，人们的价值观总是相对稳定和持久的。在同一客观条件下，对于同一个事物，由于人们的价值观不同，就会产生不同的行为，并且将对组织目标的实现起着完全不同的作用。

6. 态度

态度是个体对客观事物所持有的一种持久而一致的心理和行为倾向，是自我形象、价值观和社会角色综合作用外化的结果，主要包括：（1）认知成分，即个人对人、工作和物的了解；（2）情感成分，即个人对人、工作和物的好恶、带有感情的倾向；（3）行为成分，即个人对人、工作和物的实际反应或行动态度。

7. 知识

知识是指个人在某一领域所拥有的陈述性知识和程序性知识。其中，陈述性知识是由人们所知道的事实组成，这些知识一般可以用语言进行交流，它可以采取抽象和意象的形式来表达。程序性知识则是指人们所知道的如何去做的技能，此类知识很难用语言表达。

8. 技能

技能是指一个人结构化地运用知识完成具体工作的能力。技能是否能够产生绩效受动机、个性和价值观等软实力要素的影响。

一般情况下，在管理实践中，人们比较重视知识技能的考察，但是却往往忽视了自我概念、特质、动机等方面的考察。实际上，知识、技能固然重要，但这仅仅是招聘选拔、培训和绩效考核的基本要求。如果需要清晰地区

分绩效表现一般者和优秀者，还需要针对自我概念、核心的动机和特质几个方面进行辨别，因为这些内核的部分长期、深刻、有效地影响着表层的内容，这也是用软实力方法比传统的智力测验更加有效的原因之一。

（四）几种常见的通用软实力（胜任力）模型

1982 年，Richard Boyatzis 对 12 个工业行业的公共事业和私营企业的 41 个管理职位的 2000 多名管理人员的软实力进行了全面分析。使用了行为事件访谈、图画—故事技术和学习风格问卷，得出了管理人员的软实力（胜任力）通用模型。他分析了不同行业、不同部门、不同管理水平的软实力模型的差异，提出管理者的软实力模型包括 6 大特征群：目标和行动管理、领导、人力资源管理、指导下属、关注他人、知识。在这 6 大特征群的基础上，Richard Boyatzis 具体阐释了 19 个子软实力特征：效率定向、主动性、关注影响力、判断性的使用概念、自信、概念化、口才、逻辑思维、使用社会权力、积极的观点、管理团队、准确的自我评价、发展他人、使用单向的权力、自发性、自控、自觉的客观性、精力和适应性、关注亲密的关系。

Meber & Company 咨询公司前总裁 Lyle M. Spenccr 曾于 1989 年对 200 多种工种进行了研究，试图发现管理人员普遍具有的工作软实力因素结构，综合了 360 种行为事件，归纳出 21 项软实力因素。最后，他建立了包括技术人员、销售人员、社会服务人员、经理人员和企业家五大类的通用行业的软实力模型，每一个软实力模型包括十项左右的软实力特征因素。其中，企业家的软实力特征模型包括以下软实力特征因素：（1）成就：主动性、捕捉机遇、信息收集、关注效率等；（2）思维与问题解决：系统计划、解决问题的能力等；（3）个人形象：自信、专业知识等；（4）影响力：说服、运用影响策略等；（5）指导与控制：指导下属、过程控制等；（6）体贴他人：关注员工福利、发展员工等。为了更好地说明通用软实力模型，我们特别制作了表 2.1、表 2.2、表 2.3、表 2.4、表 2.5。需要指出的是，这些通用模型虽然具有一定的参考价值，但由于模型建构是基于国外被试者的结果，因此，在我国的适用性仍需要进一步的验证。

表 2.1 企业家通用软实力（胜任力）模型

权重	软实力
6	成就欲、主动性、捕捉机遇、坚持性、信息搜集、质量与信誉意识
5	系统性计划、分析性思维
4	自信、专业经验、自我教育
3	影响力
2	指挥
1	发展下属、公关

表 2.2 经理人员通用软实力（胜任力）模型

权重	软实力
6	影响力、成就欲
4	团队协作、分析性思维、主动性
3	发展他人
2	自信、指挥、信息搜集、概念性思维、团队领导
1	权限意识、公关、技术专长

表 2.3 销售人员通用软实力（胜任力）模型

权重	软实力
10	影响力
5	成就欲、主动性
3	人际洞察力、客户服务意识、自信
2	公关、分析性思维、概念性思维、信息搜集、权限意识
1	相关技术或产品专业知识

表 2.4 专业技术人员通用软实力（胜任力）模型

权重	软实力
6	成就欲
5	影响力
4	分析性思维、主动性
3	自信、人际洞察力
2	信息搜集、技术专长、团队协作
1	客户服务意识

表2.5　　　　　　　社区服务人员通用软实力（胜任力）模型

权重	软实力
5	影响力、发展下属
4	人际洞察力
3	自信、自我控制、个性魅力、组织承诺、技术专长、客户服务意识、团队协作、分析性思维
2	概念性思维、主动性、灵活性、指挥

McClelland 领导的 Hay Group 公司基于 30 多年的软实力（胜任力）研究，利用遍布全球的分公司力量，建立了丰富的模型库，并不断完善。

在我国，关于软实力（胜任力）的研究虽然起步较迟，但已有不少研究者和政府机构及企事业单位开始此方面的研究和应用。

时勘、王继承（2002）运用行为事件访谈法对我国通信行业管理干部的软实力（胜任力）进行实证研究。研究结果表明，我国通信业管理干部的软实力模型包括 10 项软实力：影响力、社会责任感、调研能力、成就欲、驾驭能力、人际洞察能力、主动性、市场意识、自信、人力资源管理能力。这一研究得到了与西方管理人员大致相符的软实力模型，我国首次验证了软实力评价更能区分出优秀管理干部和一般管理干部。

时勘、仲理峰（2003）对我国家族企业软实力（胜任力）进行了实证研究，构建了通信行业和家族企业管理者软实力模型，包括权威导向、主动性、捕捉机遇、信息搜集、组织意识、指挥、仁慈关怀、自我控制、自信、自主学习和影响他人 11 项软实力特征。其中权威导向、仁慈关怀是我国家族企业高层管理者独有的软实力。

王重鸣、苗青（2003）借助结构方程建构软件 AMOS，通过编制管理综合素质关键行为评价量表，指出管理者软实力模型由管理素质和管理技能两个维度构成，但不同层次管理者具有不同的结构要素。正职的价值倾向、诚信正直、责任意识、权力取向等构成了管理素质维度；而其协调监控能力、战略决策能力、激励指挥能力和开拓创新能力则构成了管理技能维度。对于副职来说，管理素质维度由价值倾向、责任意识、权力取向 3 个要素构成，管理技能维度由经营监控能力、战略决策能力、激励指挥能力 3 个要素构成。正副职层次职位在管理软实力特征上形成差异结构，正职的战略决策能力更为关键，而副职的责任意识更为重要，同时，正职职位对诚信正直和开拓创新能力 2 个要素有更高的要求。

鉴于不同行业不同岗位对软实力模型有不同的要求，因此，与行业紧密结合的软实力构建模型运动在国内也逐步开展起来了。在银行业，黄勋敬、李光远、张敏强（2007）构建了商业银行行长软实力（胜任力）模型。该模型同一般管理人员的软实力模型既有相似之处，也有独特性，充分反映了商业银行行长所从属的金融行业的特色（见表 2.6）。

表 2.6　　　　　　　　商业银行行长软实力（胜任力）模型

行长组别	软实力		
鉴别性软实力	执行力	分析性思维	客户导向与市场意识
	资源配置意识	创新与开拓意识	组织协调和领导能力
	团队意识	公关能力	信息搜集
基准性软实力	风险意识	成本意识	正直诚实
	责任心	专业知识	培养下属
	明确的发展目标	学习能力	服务意识
	成就导向	沟通技能	遵守规则
	主动性		

为了考量模型的有效性，黄勋敬博士的团队不仅采用焦点访谈法、问卷验证法进行验证，还在国内率先采用了绩效追踪研究法进行了验证，研究结果表明，本模型具有较好的信度和效度，能够有效区分绩效表现不同的行长（黄勋敬，2008）。

三、业界对构建软实力模型有什么主要方法

构建软实力模型方法等同于构建胜任力模型方法，这起源于 30 年前 McClelland 的研究工作。在此基础上，构建软实力模型方法在各组织中得到进一步发展，从而衍生了许多方法。综合前人对构建软实力模型的研究，目前研究构建软实力模型的主要思路有三种。

第一，确定与组织核心观念和价值观一致的软实力（战略导向法）。这种研究思路揭示了"冰山"模型中的深层软实力，它是基于某一职业或专业所做的该职业所必需的职责和任务分析，主要是要建立绩效标准，然后采用职业分析方法，产生一个广泛的软实力清单。

第二，根据以往的成功经验和事例预测将来能否胜任工作（行为事件访谈法）。这种思路最典型的方法是行为事件访谈（Behavioral Event Interview，BEI）。这种方法源于 McClelland、McBer 公司、哈佛商学院等的研究（Klemp，1977；Spemcer，1983），目前被我国许多研究者和企业管理人员所采用。其具体步骤为确定效标与效标群组、实施行为事件访谈、对访谈文本进行内容分析，进行访谈文本的编码，确定软实力模型。该方法在发现特定的软实力要素、内容等方面都具有重要作用。

第三，根据行业关键成功因素（KSF）开发软实力模型（标杆研究法）。收集并分析研究其他同行业或同发展阶段的类似公司的软实力模型，通过小组讨论或者研讨会的方式，从中挑选适用于本公司的素质，形成软实力模型。

关于这三种方法各自的优缺点如表 2.7 所示。

表 2.7　　　　　　　　　企业构建软实力模型的三种方法

方法	优点	缺点
1. 战略导向法 根据公司的战略进行逐步分解，通过小组讨论或者研讨会的方式得出针对某类员工的关键素质，并形成每个素质的定义和层级。	所建立的软实力模型能体现出未来战略的导向性和牵引性。 比较符合公司的现状，可以集中反映战略对人员的要求。	缺乏实际的行为数据来支撑软实力模型的有效性。 容易受到构建模型人员个人想法的影响，有一定的主观性。
2. 标杆研究法 收集并分析研究其他同行或同发展阶段的类似公司的软实力模型，通过小组讨论或者研讨会的方式，从中挑选适用于本公司的素质，形成软实力模型。	所建立的软实力模型具有广泛的适用性，可参考性高。 所有的素质经过分析、比较和研究后，相对来说较成熟，可操作性强。	所建立的软实力模型与其他公司共性过多，缺乏自己的特性。 没有本公司的实际行为数据来支撑软实力模型的有效性和适用性。
3. 行为事件访谈法 通过对大批人员进行行为事件访谈，收集不同类人员的行为数据，进行统计分析后得出关键素质，并形成软实力模型。	有充实的行为数据来支撑软实力模型的有效性，非常客观。 可以针对收集到的行为数据进行多方面的分析。	参与访谈人员有限，会造成样本量不足，影响分析的结果。

根据构建软实力（胜任力）模型实践，业界普遍认为，以行为事件访谈法为基础开发软实力模型是相对较有效的模式。以行为事件访谈法为基础开发软实力模型使数据搜集的过程更加全面和准确，从而保证软实力结构的有效、合理，并且是针对工作环境和职位特点的。这种软实力模型的构建方法在国内外

都得到了认同，大量的研究都以此为基础来开发软实力模型。

McClelland 和 Boyatzis 开发了一个以行为事件访谈法为基础的软实力模型的开发程序。这一方法的要点是，研究对象集中在出色的业绩者，主要应用行为事件访谈法、访谈资料的主题分析法，将分析结果提炼为用行为性的专门术语描述的一系列软实力。此后，Spencer 在 McClelland 的基础上完善了软实力模型构建的方法，如图 2.4 所示。

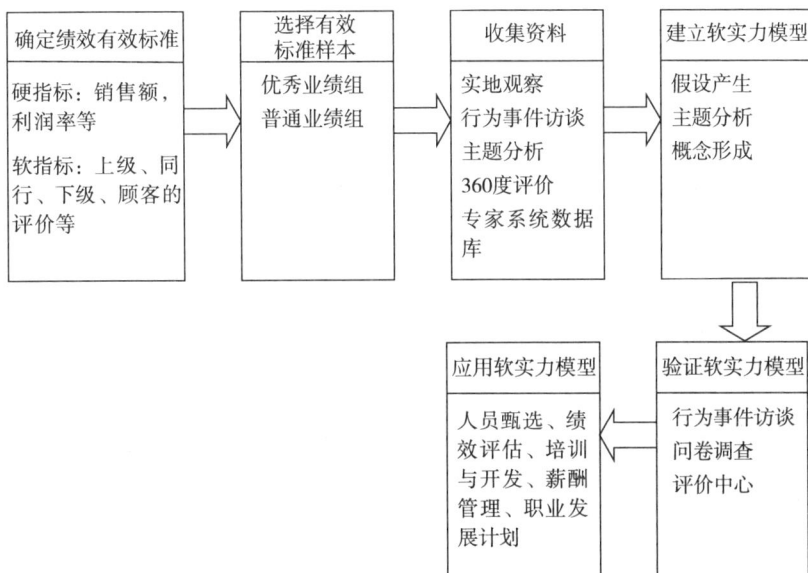

图 2.4　基于行为事件访谈法的软实力模型构建流程图

通过行为事件访谈法来建立软实力模型的程序简要说来，一般包括以下步骤：

第一步，定义绩效标准。可以采用指标分析和专家小组讨论的办法，提炼出鉴别工作优秀的员工与工作一般的员工的绩效标准。这些指标应有硬指标，如利润率、销售额等；还必须有软指标，如行为特征、态度、服务对象的评价等。

第二步，选取分析样本。根据第一步确定的绩效标准选择适量的表现优秀的样本和表现一般的样本，并以此作为对比样本。

第三步，获取样本有关软实力的数据资料。有许多种方式，但一般以行为事件访谈法为主。行为事件访谈法是一种开放式的行为回顾式调查技术，一般采用问卷和面谈相结合的方式。通过这样的访谈，获得关于过去事件的全面报告，然后通过独立的主题分析，对导致绩效优秀和绩效一般的思想和

行为进行整理归类，整合各自的结果，形成区分绩效优秀者和绩效一般者的关键行为。

第四步，建立软实力模型。对上述数据资料进行统计分析，找出两组样本的共性和差异特征，并根据存在区别的软实力构建软实力模型。

第五步，验证软实力模型。可以选择另外两组样本重复第三步和第四步，进行效度检验，也可以选择合适的有效标准对所得模型进行比较、评价。

第六步，应用软实力模型。将软实力模型应用于人员甄选、绩效评估、培训与开发、薪酬管理、职业发展计划等各项人力资源管理活动，并进一步在实践中验证。

四、商业银行风险经理软实力模型具体是怎样生成的

为了迎接国内外各商业银行的竞争及经济金融危机对银行业的挑战，只有建立起风险经理软实力模型，才能确立风险经理选拔培训的软实力胜任标准，从而更好地发挥风险经理"信贷审批，风险管理"的作用，促进银行的发展。为此，课题组经过大规模调查，通过对商业银行绩效优秀的风险经理和绩效普通的风险经理关键行为特征进行对比分析，辨别出高绩效风险经理所具备的软实力，构建起商业银行风险经理软实力模型。

（一）研究目的

通过对商业银行优秀风险经理及一般风险经理关键行为特征的分析，辨别高绩效风险经理具备的软实力特征，建构商业银行风险经理软实力模型。

（二）研究方法和步骤

1. 挑选被试者

本研究采取以关键行为事件访谈法为主，以开放式问卷法为辅的方法。设置样本条件为工作年限 3 年以上的部门绩效评价高分者。其中预访谈的有 4 名风险经理，全部为高绩效经理，正式研究的有 20 名风险经理，高绩效经理和普通绩效经理各半。填写自编软实力特征核检表的相关人员 83 名（注：相关人员包括分管风险管理工作的行长、风险管理部门负责人、各级别的风险

经理以及部分客户经理）。

2. 准备工具与材料

（1）录音用 MP3 4 个。

（2）"商业银行风险经理关键行为事件访谈提纲"若干份。该访谈提纲按照经典的关键行为事件访谈的形式来设计，该方法由中国科学院时勘博士引进，并在国内经过反复验证，是信度和效度比较高的方法之一。

在"商业银行风险经理关键行为事件访谈提纲"中，主体部分由被访谈者对其职业生涯中三个成功事件和三个不成功事件的描述以及被访谈者的工作职责组成，重点在于访谈者与被访谈者之间的互动和沟通。

（3）"商业银行风险经理软实力核检表"若干份。在该核检表的生成过程中，参考了基本胜任力词典、银行行长领导力词典，在讨论的基础上编制产生。核检表共有 20 项软实力。我们要求风险经理们从中选出 10 项自己认为重要的软实力。

（4）"商业银行风险经理软实力编码词典"。该词典的软实力以在"商业银行风险经理软实力核检表"中体现出的软实力为主要参考依据，并在此基础上作了一定的修改和补充。我们向 83 名风险经理派发了"商业银行风险经理软实力核检表"，根据他们的作答结果，如果超过一半的被试者选择了某一个素质，我们则将它当做潜在的胜任素质，然后对该素质进行定义，划分和定义等级并描述每一个等级下可能出现的行为表现。词典的编写经过了查阅和总结资料、个人独立编写、小组讨论并修改三个过程，因此在形式和内容上都具有较高的科学性。

3. 采用的方法

行为事件访谈法和核检表方法。核检表法采用自编的"商业银行风险经理软实力核检表"。

4. 具体步骤

第一步，预访谈。

预访谈的主要目的是进行关键行为事件访谈方法的练习，具体包括访谈实施的技术、录音文本的编码等。练习目标是能够从访谈文本数据中准确地识别出各种软实力特征的行为指标，或其他的指标。

为了避免访谈者导致的潜在偏差，访谈顺序采取双盲设计，访谈者事先

不知道被访谈人属于优秀组还是普通组，被访谈人也不知道有这种划分。

在预访谈中，研究小组成员对 4 名绩效优秀的商业银行风险经理进行了半结构化的行为事件访谈。高绩效样本的确定方法包括客观的绩效测量和组织中的他人提名。

然后以自编的胜任特征编码词典为蓝本，研究小组成员分别对访谈录音文本进行试编码。研究小组成员对主题的提取和评分进行详细的讨论，最终达成一致意见，确保各个评分者之间评分一致，对评分的解释一致，容易理解。在试编码过程中选出编码一致性较高的两名成员，再分别对其余的文稿进行编码，并进一步完善编码词典，最后形成本研究中的"商业银行风险经理软实力词典"，在此基础上开展正式研究。

第二步，正式访谈。

我们在某商业银行广东省分行及其下属市分行的支持下，对珠海、云浮、中山等地的 20 位某商业银行风险经理进行了深度访谈。每位访谈者的时间从半个小时到一个半小时不等。被选取进行深度访谈的人员，既有市分行的风险经理，也有市下属支行的风险经理。在访谈过程中，我们在征得被访者同意后，分别对被访谈者的谈话进行了录音。在深度访谈的被试者当中，包括绩效优秀和绩效一般的风险经理各 10 位。

第三步，录音和问卷转换为文本材料。

商业银行风险经理软实力关键行为事件访谈问卷和录音材料收集后，我们对关键行为事件访谈问卷和访谈记录进行了整理，先将访谈录音和访谈问卷整理成翔实、忠实的访谈报告，然后对转录文本编号，最终产生提取概念化的软实力的原始数据，总共 20 份，约 5.2 万字。

第四步，基于文本进行软实力编码。

进行编码的两位研究者需要阅读所有的录音文本，对文本中的关键行为事件进行独立的主题分析，分析主要概念和思想，提炼出基本主题。之后根据前面的研究中形成的"商业银行风险经理软实力编码词典"，辨别、区分各个事件中出现的软实力的行为指标，进行正式归类和编码。编码是在访谈文本中相应的行为事件后面写上软实力的名称以及等级。由于文本数据内容非常广泛，初次编码时，两个编码人员按照统一的编码词典对照认可的软实力，先进行尝试性分类并予以编码。对那些访谈文本中出现的独特特征，进行补充编码，并进一步补充到编码词典中（我们的软实力词典最终包括 20 项胜任素质）。初次编码后再次阅读文本，对每个归类编码进行核查，寻找支持某一归类编码的所有现存证据，对其编码的正确性进行确认或修正。

第五步，数据统计与检验。

统计访谈文本中关键行为事件中被试者的行为和言语的编码结果。统计的基本指标为文本的字数、各个软实力在不同等级上出现的次数、在各等级的分数、平均等级分数和最高等级分数。等级是指某一软实力在该软实力最小可觉差（Just Noticeable Difference，JND）量表中的大小值，它表示某个行为表现的强度或复杂程度。比如，根据"商业银行风险经理软实力编码词典"，某一被试者在"团队合作"分量表上的具体行为表现为：在等级 1 上出现 2 次，在等级 2 上出现 1 次，在等级 3 上出现 3 次，在等级 5 上出现 4 次，那么这一软实力发生的总频次就是 $2 + 1 + 3 + 4 = 10$（次）；平均等级分数为 $(1 \times 2 + 2 \times 1 + 3 \times 3 + 5 \times 4) / 10 = 3.3$（分），即总分数/总频次；最高等级分数为 5 分。然后对频次、平均等级分数、最高等级分数三个指标进行验证，对优秀组和普通组的每一软实力之间的差异进行比较分析。

同时，统计"商业银行风险经理软实力核检表"中各个软实力的频次及所占百分比，使用视窗版 SPSS11.5 对数据进行处理。

第六步，建立软实力模型。

根据访谈数据中高绩效组和低绩效组最高等级分数 t 检验结果，找出差异显著的软实力，并参照"商业银行风险经理软实力核检表"中的频次统计结果，确定风险经理的软实力模型。然后以统计分析结果为基础，汇集整理访谈文本中优秀组和普通组商业银行风险经理的关键行为，对每一维度作出描述性说明，完善并确定编码词典，形成商业银行风险经理软实力体系。

（三）结果与分析

为了确保各高绩效组和低绩效组的软实力差异不是由访问长度所造成的，我们先对高绩效组和低绩效组的访谈长度进行差异显著性检验。

1. 长度（字数）分析

对访谈字数的原始数据进行方差齐性检验，结果表明原始数据符合方差齐性假设。如表 2.8 所示，高绩效组访谈平均长度为 3 216.7 字，低绩效组访

谈平均长度为 2 651.7 字。在访谈长度上，高绩效组和低绩效组之间的差异在 0.05 水平无统计学意义，即差异不显著。

表 2.8　　　　　　　　不同绩效组访谈长度差异分析表

组别	高绩效组（N=10）		低绩效组（N=10）		t	自由度（df）	显著性水平（P）
	平均值（M）	标准差（SD）	平均值（M）	标准差（SD）			
字数/字	3 276.7	832.1	2 651.7	1 216.6	1.341	18	0.197

表 2.9 显示了软实力的发生频次、平均等级分数和最高等级分数与访谈长度之间的相关。其中有 9 项软实力的频次总分与访谈文本的长度（字数）在 0.05 水平上相关显著，且其中的 6 项在 0.01 水平上相关显著；采用平均等级分数这一指标有 5 个软实力与访谈长度在 0.05 水平上相关显著；而采用最高等级则只有 2 个软实力与访谈长度相关显著。这说明，最高等级分数指标比较稳定，较少受访谈长度影响，因此，我们采用最高等级分数作为准确反映出被试者某一软实力水平的指标。

表 2.9　软实力的发生频次、平均等级分数和最高等级分数与访谈长度相关分析表

软实力	长度与频次相关	长度与平均等级相关	长度与最高等级分数相关
沟通能力	−0.170	0.030	0.229
责任心	−0.176	0.332	0.294
服务意识	−0.046	0.264	−0.188
主动性	0.119	−0.065	−0.128
规范意识	0.126	0.165	0.028
学习意识	0.163	0.069	−0.050
关系建立	0.261	0.350	0.224
分析判断	0.294	0.276	0.064
应变能力	0.304	−0.180	0.019
客户导向	0.339	0.285	0.065
诚实正直	0.359	0.252	0.286
团队合作	0.372*	0.133	0.205
成就导向	0.380*	0.491**	0.385*
执行力	0.419*	0.194	0.126
稳重严谨	0.499**	0.209	0.262
风险驾驭	0.525**	0.531**	0.340
专业知识	0.562**	0.079	0.307
自我控制	0.623**	0.419*	0.379*
接受挑战	0.647**	0.400*	−0.089
信息搜集	0.739**	0.639**	0.351

注：*表示在 0.05 水平上显著相关，**表示在 0.01 水平上显著相关。

2. 差异检验

以最高分数为指标，分别统计和计算两个编码者对同一文本材料中某一软实力素质分数的最高分的平均，然后比较高绩效组和低绩效组被试者在每个软实力素质上的最高等级分数，检验其差异的显著性。结果如表 2.10 所示。

表 2.10　　　　　不同绩效组访谈最高等级分数差异检验

软实力	高绩效组（N = 10）		低绩效组（N = 10）		t	df	P
	M	SD	M	SD			
沟通能力	5.553	4.582	1.898	1.387	1.377	18	0.185
责任心	5.561	3.090	1.565	1.395	3.930	18	0.001
服务意识	4.630	4.465	1.583	1.427	0.259	18	0.799
主动性	4.305	4.146	1.934	1.294	0.228	18	0.823
规范意识	3.654	3.232	1.841	1.704	0.561	18	0.582
学习意识	5.771	3.716	1.844	1.445	2.925	18	0.009
关系建立	2.889	2.780	1.498	1.327	0.181	18	0.858
分析判断	5.156	2.707	1.165	1.591	3.610	18	0.002
应变能力	3.218	3.118	1.407	1.488	0.163	18	0.872
客户导向	4.502	4.316	2.040	1.360	0.253	18	0.803
诚实正直	5.355	2.782	1.926	1.677	3.359	18	0.003
团队合作	5.216	3.037	1.854	1.367	3.153	18	0.005
成就导向	5.781	2.963	1.493	1.359	4.653	18	0.000
执行力	4.488	3.828	2.207	1.416	0.839	18	0.413
稳重严谨	4.770	2.635	1.765	1.376	3.179	18	0.005
风险驾驭	5.635	2.685	1.972	1.539	3.932	18	0.001
专业知识	5.539	2.574	1.228	1.359	3.233	18	0.004
自我控制	3.933	3.491	1.842	1.569	0.609	18	0.550
接受挑战	4.438	3.649	1.942	1.508	1.070	18	0.299
信息搜集	5.573	3.913	1.866	1.529	3.722	18	0.002

表 2.10 的结果显示，高绩效组和低绩效组的最高等级分数在团队合作、成就导向、诚实正直、风险驾驭、责任心、规范意识、稳重严谨、学习意识、信息搜集、专业知识、分析判断 11 个特征上存在显著差异。

3. 软实力评价法的信度分析

两个编码者按照商业银行风险经理软实力编码词典，对相同文本进行编码的一致性程度，是影响软实力评价法的重要因素，是编码可靠性、客观性的重要指标。本研究采用归类一致性方法来考察文本编码者之间编码结果的一致性，以确立软实力评价法的信度指标。

归类一致性（Category Agreement，CA）是指评分者之间对相同访谈文本资料的编码归类中相同个数占总个数的百分比。它的计算公式是参照温特（Winter，1994）的动机编码手册得来的。具体计算公式为：

$$CA = 2S/(T_1 + T_2)$$

在公式中，S 表示评分者编码归类相同的个数；T_1 表示评分者 1 对某一材料的编码个数；T_2 表示评分者 2 对同一材料的编码个数。表 2.11 是根据这个公式，2 名编码者对 20 份文本材料进行编码的归类一致性系数。

表 2.11　　　　　　　　　　2 名编码者软实力编码归类一致性

材料编号	T_1	T_2	S	CA
1	16	17	11	0.667
2	18	15	14	0.848
3	7	14	5	0.484
4	15	19	12	0.715
5	5	3	2	0.500
6	10	16	8	0.620
7	15	11	8	0.610
8	4	8	3	0.498
9	13	9	7	0.636
10	5	7	4	0.654
11	11	16	9	0.661
12	14	16	12	0.824
13	14	8	8	0.716
14	9	13	8	0.727
15	16	15	13	0.839
16	13	16	12	0.828
17	5	6	3	0.556
18	8	9	4	0.471
19	6	11	4	0.461
20	20	18	15	0.789
全部材料	225	246	162	0.689

归类一致性的值为 0.461~0.848，总的归类一致性为 0.689。因为归类一致性是对编码信度最严格的要求，不仅要求出处一致，而且还要求等级相同。本研究中商业银行风险经理软实力词典中每一个软实力实际上是一个分量表，在编码时，不只是单纯记录软实力出现与否，还要记录每一事件中出现的软实力的具体等级，所以归类具有一定难度，因此，部分特征项目归类一致性的值稍低。但我们的总的归类一致性为 0.689，这是可以接受的。

4. 商业银行风险经理核检表频次统计结果

使用自编的商业银行风险经理软实力核检表，请 83 位在岗的商业银行风险经理从核检表列举的 20 项软实力中，选出风险经理工作中最重要的 10 项软实力。其频次统计结果如表 2.12 所示。

表 2.12 "商业银行风险经理软实力核检表"频次统计表

排序	软实力	频次	百分比（%）	排序	软实力	频次	百分比（%）
1	诚实正直	73	88	11	分析判断	47	56
2	团队合作	71	86	12	主动性	42	51
3	成就导向	69	83	13	关系建立	36	43
4	专业知识	66	80	14	服务意识	35	43
5	稳重严谨	66	79	15	应变能力	28	34
6	风险驾驭	61	73	16	客户导向	24	30
7	信息搜集	59	72	17	执行力	23	28
8	责任心	54	65	18	自我控制	21	25
9	学习意识	52	62	19	接受挑战	17	20
10	规范意识	49	59	20	沟通能力	13	16

根据软实力核检表的统计结果，百分比超过 50% 的胜任特征共 12 个，其中包含了我们在高绩效组和低绩效组差异比较中差异显著的全部 11 个软实力。这在一定程度上验证了之前的行为事件访谈、编码及数据处理过程的科学性。

（四）商业银行风险经理软实力模型

根据访谈数据中高绩效组和低绩效组最高等级分数 t 检验结果，找出差异显著的软实力，并参照商业银行风险经理软实力核检表中的频次统计结果，确定风险经理的软实力模型。该模型中包括的具体软实力如表 2.13 所示。

表 2.13　　　　　　　　　　商业银行风险经理软实力模型

诚实正直	成就导向	团队合作
风险驾驭	责任心	规范意识
稳重严谨	学习意识	信息搜集
专业知识	分析判断	

　　商业银行风险经理软实力模型对风险经理的工作绩效具有较强的预测和区分能力，能够从一般风险经理中区分出高绩效的优秀风险经理，因此风险经理的软实力模型可视为区分性软实力。

第三章　商业银行风险经理
软实力模型是如何验证的

本章提要　在商业银行风险经理软实力模型初步形成的基础上，我们通过问卷调查法对模型进行了验证和完善，编制了用于测查商业银行风险经理软实力和绩效的量表——商业银行风险经理软实力与绩效关系量表，并利用它们探索了风险经理胜任特征与工作绩效之间的关系。本章将对量表的生成、修订及施测过程进行详细介绍。

一、研究问题和目的

在模型建立之后，我们请具有丰富实践经验的人力资源管理专家、心理学专家以及银行中高层管理者对该模型进行了评价，得到了较普遍的认同。然而抽象的概念无法直接用来测量个体的真实表现，该模型的实证效度如何？利用该模型进行商业银行风险经理的选拔与测评是否能够选出未来能产生高绩效的风险经理？为了能够进一步探索风险经理软实力与其绩效的关系，需要在软实力模型的基础上开发出软实力测量工具，使抽象的、概念化的各项软实力指标可操作化。本研究将风险经理软实力模型细化开发成软实力问卷，通过问卷进行数据收集，然后结合统计分析方法，对问卷进行各种检验并形成风险经理软实力量表。其研究目的包括：

（1）编制商业银行风险经理软实力与绩效关系研究问卷。

（2）验证商业银行风险经理软实力与绩效关系研究问卷的信度和效度。

（3）验证商业银行风险经理软实力问卷的维度与前项研究中所获得的风险经理软实力模型的吻合性，即验证软实力模型的有效性。

二、研究方法和步骤

（一）挑选被试者

为了检验软实力模型的有效性，我们编制了商业银行风险经理软实力与绩效关系研究问卷，问卷采用李克特 5 点计分，请被试者（商业银行的现任风险经理）对身边的一位优秀的风险经理以及一位一般的风险经理进行匿名评价，如果他们的日常工作行为与我们问卷中的描述非常一致，则选择"5——非常符合"；如果他们的日常工作行为与我们问卷中的描述很不一致，则选择"1——非常不符合"。

为了使样本具有代表性，参照国家关于经济区域的划分，课题组分别从东部地区的广州和上海，中部地区的武汉和西部地区的西安和昆明等城市抽取在职商业银行风险经理参与测评。被试者选择由所在城市的商业银行人力资源部门协助安排，共回收有效问卷 1 532 份。

（二）选择工具

自编的商业银行风险经理软实力与绩效关系研究问卷。

（三）具体步骤

第一步，编制初始题项。

本研究量表项目的来源主要有三种：一是国内外以往研究中已经使用、经过检验的成熟项目；二是国外研究量表中的项目，我们根据访谈材料中的信息，经过修改而成；三是我们从访谈研究中获得，直接根据该要素所在的关键事件行为进行编制。

经过对以往的研究和理论进行回顾、关键行为事件访谈和内容分析，参照商业银行风险经理的软实力模型内容结构，本研究初始形成的商业银行风险经理软实力与绩效关系研究问卷共有测量题项 57 项。其中软实力部分含 48 个题项，绩效部分含 9 个题项，绩效部分题项皆选自国内成熟量表。

第二步，题目筛选。

本研究问卷在确定初始题项集之后，按照 Churchill（1979）的做法，对题项的表面有效性和内容有效性作了定性的考核。考核主要包括三方面：（1）关联性。即维度和条目与商业银行风险经理软实力之间关系的紧密程度，从而检测理论构思的内容效度。（2）简洁性。即检查反映同一内容的条目之间是否重复，删除重复的条目。（3）准确性。即审查项目的语法特征，确保没有歧义，使语句流畅，通俗易懂。具体步骤和做法如下：

第一，邀请 3 名判断者（这 3 人都参加过商业银行核心岗位软实力构建模型项目的访谈及其他工作，但没有参与商业银行风险经理软实力量表的开发工作）参加，向其解释清楚每一类的含义（软实力的定义参照"商业银行风险经理软实力编码词典"中的定义），并给出其中一个题项作为例子。然后让这些判断者将 57 个题项（包括绩效量表的 9 个题目）归集到上述分析的这 13 个维度中，如果认为某一个题项不属于任何一类，就将其单独列入"不合适"之列。这里需要注意的是，这些判断者之前并不清楚笔者对这些题项的归类。这样下来，如果 3 人当中至少有 2 人认为某个题项不属于任何一类，就将其从题项集中删除。结果表明，软实力量表和绩效量表都不用删题。

第二，针对上述软实力 48 个题项，绩效 9 个题项，再邀请 3 名判断者（这 3 人都具有丰富的软实力项目经验），向其解释清楚每一个类别的含义，这次让这些判断者了解每个维度下的题项，然后请其判断每一个类别下的每一个题项能够说明该类别的程度，分为完全说明、一般说明、不能说明三种程度。标准是至少有 2 个判断者认为某一题项能够完全说明该类别，并且没有人认为不能说明，则这样的题项保留下来，否则删除。该过程软实力量表共删除 6 个题项，保留 42 个题项进入大规模数据收集，绩效量表没有删除题项，保留 9 个题项进入大规模数据收集。这样就成了一共包括 51 个题项的商业银行风险经理软实力与绩效关系研究量表。

第三，量表的实施及修订。按照一定的抽样标准，选取若干各分行或支行风险经理进行问卷调查，并及时回收测验结果。依据项目分析和探索性因子分析结果，剔除不符合要求的项目，对商业银行风险经理软实力与绩效关系研究量表进行修订。

第四，量表验证。通过统计分析对商业银行风险经理软实力与绩效关系量表的信度和效度进行验证，包括信度分析、相关分析、验证性因子分析及

实证效度检验等。

第五，量表及常模的正式生成。

（四）数据处理

使用视窗版 SPSS11.5 统计分析软件以及 LISREL8.5 软件包进行分析，如项目分析、探索性因子分析、验证性因子分析、相关分析和信度分析等。

三、研究结果

（一）项目分析

对问卷进行项目分析，主要采用了区分度和鉴别力指数两项指标。

区分度以每个项目得分与总分之间的积差相关系数作为区分度的指标。相关系数显著说明该项目能够代表所要测量的内容或主题，相关系数不显著意味着该项目缺乏鉴别力。经过检测，软实力问卷中的 42 个项目均与软实力总分在 0.01 水平上相关显著，相关系数为 0.429～0.873；绩效问卷中的 9 个项目也与绩效总分在 0.01 水平上相关显著，相关系数为 0.584～0.831。

鉴别力指数是表示不同水平被试者反应的区分程度。通过鉴别力指数可以剔除不能很好地区分不同水平被试者反应的那些项目。经过检测，得分前27% 的被试者与得分后 27% 的被试者相比较，在软实力问卷的 42 个项目和绩效问卷中的 9 个项目上都有显著差异，说明这 51 个项目具有很好的鉴别度。

（二）信度分析

内部一致信度是目前比较流行而且效果较好的信度评定方法，从测量构思层次化入手，使测量项目形成一定的内部结构，并以内部结构的一致性程度，对测量信度作出评定。在本研究中，我们对问卷的总体信度以及 13 个维度（软实力问卷 11 个维度，绩效问卷 2 个维度）的 Cronbach α 信度系数进行了计算，并以题项与维度的相关系数以及删除某题项是否能提高该维度信度为标准，在成就导向和稳重严谨两个维度上各删除了 1 个题项。问卷的信度分析结果如表 3.1 所示。

表 3.1　　　　　风险经理软实力与工作绩效问卷信度分析结果

维度	信度系数
诚实正直	0.944
团队合作	0.942
成就导向	0.895
稳重严谨	0.861
风险驾驭	0.814
责任心	0.953
学习意识	0.802
规范意识	0.865
信息搜集	0.832
专业知识	0.815
专业判断	0.858
任务绩效	0.938
关联绩效	0.822
总体信度	0.923

通过信度分析，所有维度的信度以及总体信度都大于0.8，说明问卷具有良好的信度。

（三）探索性因子分析

在信度分析的基础上，随机选取总样本中的一半进行探索性因子分析，另一半进行验证性因子分析。本研究中，测量软实力的题项有40项，测量工作绩效的题项有9项。本研究的探索性因子分析，采用主成分法提取公因素，最大方差法进行旋转。

表 3.2　　　　　风险经理软实力问卷各项目的因子负荷矩阵

项目编号	因子1	因子2	因子3	因子4	因子5	因子6	因子7	因子8	因子9	因子10	因子11
21	0.676										
4	0.664										
12	0.644										
5	0.633										
1	0.497										
22		0.672									

续表

项目编号	因子1	因子2	因子3	因子4	因子5	因子6	因子7	因子8	因子9	因子10	因子11
17		0.632									
9		0.600									
20		0.594									
25			0.605								
24			0.595								
26			0.563								
11			0.420								
8				0.696							
37				0.627							
35				0.514							
33					0.470						
6					0.433						
3					0.417						
18						0.637					
10						0.472					
16						0.465					
30						0.439					
27							0.494				
34							0.472				
36							0.430				
28								0.505			
13								0.447			
19								0.407			
32									0.470		
7									0.464		
15									0.453		
14										0.503	
23										0.413	
31											0.513
2											0.509
29											0.456

在作分维度探索性因子分析之前，先对观测数据进行可行性检验，由分析的结果看其是否适合作探索性因子分析。如果 Kaiser—Meyer—Olkin 值分别均大于 Hair 等人建议的 0.5（Hair，1995），则表示可以进行探索性因子分析。探索性因子分析的结果显示，软实力问卷的 11 个维度的 Bartlett 球形检验 χ^2 值均在 0.01 的水平显著，同时其 KMO 值均为 0.873 以上，说明软实力问卷非常适合作探索性因子分析。

结合碎石图和特征根大于 1 的标准共提取了 11 个公因子，所有题项的因子负荷都在 0.4 以上，公因子的方差累积贡献率达到 61.12%。对部分因子中负荷过小或双负荷的题目进行项目删减之后，软实力量表还剩余 37 题，绩效量表剩余 9 题。软实力问卷各维度的因子负荷矩阵如表 3.2 所示。

表 3.3　　　　　　　　风险经理软实力问卷因子分析结果

因子	特征值	方差解释率（%）	累积方差解释率（%）
1	3.1	10.33	10.33
2	2.23	7.43	17.77
3	1.81	6.03	23.80
4	1.699	5.66	29.46
5	1.488	4.96	34.42
6	1.47	4.90	39.32
7	1.45	4.83	44.16
8	1.43	4.77	48.92
9	1.4	4.67	53.59
10	1.24	4.13	57.72
11	1.02	3.40	61.12

根据风险经理软实力问卷探索性因子分析的结果，可以对各个因子进行命名（见表 3.3）。

因子 1 涉及的是协同合作和团队意识，强调与他人的配合和团结，因此命名为团队合作。

因子 2 涉及的是对自己要求严格，有较高的成就欲望，因此命名为成就

导向。

因子 3 涉及的是遵守道德规范，正直可靠，因此命名为诚实正直。

因子 4 涉及的是风险的知觉和预测、控制能力，因此命名为风险驾驭。

因子 5 涉及的是工作中的积极性和主动性，出问题时愿意承担责任，因此命名为责任心。

因子 6 涉及的是学习和认同组织的规范纪律，因此命名为规范意识。

因子 7 涉及的是工作中态度认真负责，做事考虑周详，追求完美，命名为稳重严谨。

因子 8 涉及的是具有主动学习的动力和要求，因此命名为学习意识。

因子 9 涉及的是对于信息的挖掘、搜寻和归类，因此命名为信息搜集。

因子 10 涉及的是学习中知识的掌握、学习和类化，因此命名为专业知识。

因子 11 涉及的是在工作中分析条理清晰，决策判断准确，因此命名为分析判断。

（四）验证性因子分析

使用结构方程进行路径分析有多种检验标准，本研究选取卡方检验（χ^2）、标准化拟合指数（NFI）非标准化拟合指数（NNFI）、比较拟合优度指数（CFI）、近似误差均方根估计（RMSEA）、标准化残差均方根（SRMR）六个指标作为检验比较的标准。一般认为，RMSEA 小于 0.05 模型完全拟合，RMSEA 小于 0.08 模型能够很好拟合；当 χ^2/df 小于 5 时，可以认为模型的拟合度较好。在本研究中，需要验证的模型如图 3.1 所示，各项拟合指数如表 3.4 所示。

表 3.4　　　　　　　　　　验证性因子分析拟合指数表

拟合指数	χ^2	df	RMSEA	SRMR	NNFI	NFI	CFI
验证模型	2386	1038	0.057	0.0451	0.97	0.98	0.98

从表 3.4 的结果可知，$\chi^2/df = 2.299 < 5$，RMSEA = 0.057 < 0.08，SRMR < 0.08，CFI、NFI 达到 0.98，NNFI 为 0.97，说明模型较好地拟合了原始数据。从探索性因子分析以及验证性因子分析的结果可以看出，本研究中问卷的测量结果有较理想的稳定性和合理性。通过验证性因子分析可以很好

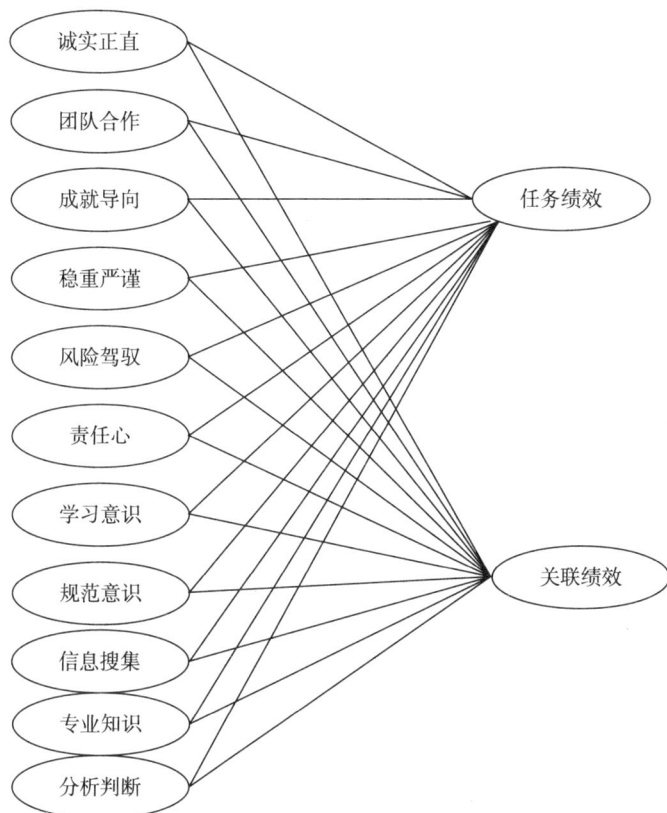

图 3.1　商业银行风险经理软实力模型

地证实上述提出的商业银行风险经理软实力模型（见表 2.13）。

因子分析所得的 11 个因子及其包含的内容，与之前构建的商业银行风险经理软实力模型中包含的软实力特征全部吻合。不同的是，商业银行风险经理软实力模型的构建采用的是关键行为事件访谈法（BEI）方法和技术，资料是通过个案访谈获取的；而因子分析所用资料，是通过编制问卷在大范围商业银行风险经理群体中测试获取的。这种交叉验证充分地证明了软实力模型的有效性。

（五）实证效度分析

经过上述的一系列步骤，我们得出了具有较好信度和效度的风险经理软实力问卷和工作绩效问卷。下面我们将对风险经理软实力问卷的实证效度进

行验证。实证效度是指一个测验对于个体行为进行预测时的有效性，即对我们感兴趣的行为能够预测的程度如何。

　　我们通过比较风险经理的绩效优秀者与绩效一般者在各软实力题项得分上的差异显著性，对风险经理软实力问卷题项的区分能力进行检验，两个独立样本 t 检验的结果如表 3.5 所示。

表 3.5　　　　　　高绩效者与低绩效者软实力项目差异检验

题号	高绩效者		低绩效者		df	t
	M	SD	M	SD		
S1	4.044	3.841	0.781	0.991	1530	4.449***
S2	4.423	3.507	0.811	1.040	1530	19.219***
S3	4.359	3.638	1.018	0.940	1530	14.401***
S4	4.530	3.598	0.997	0.942	1530	18.793***
S5	4.379	3.684	0.957	0.912	1530	14.554***
S6	4.361	3.707	1.038	0.881	1530	13.280***
S7	4.295	3.516	0.861	0.816	1530	18.177***
S8	4.358	3.551	0.764	1.042	1530	17.279***
S9	4.567	3.523	1.006	0.764	1530	22.872***
S10	4.268	3.748	0.761	0.952	1530	11.794***
S11	4.103	3.766	0.907	0.891	1530	7.334***
S12	4.118	3.526	0.845	0.950	1530	12.896***
S13	4.220	3.886	0.926	0.904	1530	7.145***
S14	4.035	3.899	0.853	0.903	1530	3.024***
S15	4.036	3.790	0.779	0.865	1530	5.852***
S16	4.171	3.442	1.028	1.039	1530	13.798***
S17	4.008	3.899	0.967	0.973	1530	2.195***
S18	4.503	3.876	0.919	0.935	1530	13.230***
S19	4.117	3.889	1.045	0.946	1530	4.464***

续表

题号	高绩效者		低绩效者		df	t
	M	SD	M	SD		
S20	4.338	3.807	0.962	0.948	1530	10.888***
S21	4.514	3.571	0.772	0.970	1530	21.044***
S22	4.084	3.824	0.883	0.922	1530	5.631***
S23	4.128	3.877	1.027	0.917	1530	5.061***
S24	4.289	3.681	0.862	0.751	1530	14.726***
S25	4.545	3.449	0.959	1.004	1530	21.851***
S26	4.191	3.647	0.817	0.937	1530	12.101***
S27	4.219	3.650	0.850	0.883	1530	12.846***
S28	4.528	3.789	0.753	0.824	1530	18.311***
S29	4.265	3.867	0.840	0.944	1530	8.715***
S30	4.431	3.581	0.807	1.049	1530	17.770***
S31	4.389	3.541	0.830	1.016	1530	17.892***
S32	4.085	3.774	0.962	0.985	1530	6.260***
S33	4.370	3.734	0.976	0.850	1530	13.608***
S34	4.235	3.641	0.852	1.018	1530	12.377***
S35	4.477	3.528	0.902	0.875	1530	20.888***
S36	4.555	3.873	0.830	1.036	1530	14.196***
S37	4.271	3.562	0.967	0.993	1530	14.149***

注：＊＊＊表示在 0.001 水平差异显著。

　　t 检验结果表明，被评价的风险经理中，绩效优秀者与绩效一般者在被评价的全部 37 个软实力题项上都存在显著差异（$p < 0.001$），即绩效优秀者的每个软实力题项得分的均值都显著大于绩效一般者的均值。说明本研究构建的商业银行风险经理软实力问卷以及软实力模型是基于绩效指标的，具有良好的鉴别力和实证效度，能够有效地区分出优秀风险经理和普通风险经理。

（六）商业银行风险经理软实力测验量表及常模的正式生成

课题组编制商业银行风险经理软实力自评问卷，对测试数据进行探索性因子分析，在验证构建商业银行风险经理软实力模型的同时，又参照项目分析和探索性因子分析的结果，通过严格的项目筛选程序，初步编制了含有11个维度37个题项的商业银行风险经理软实力测验。在此基础上，我们构建了常模。正式施测结果表明，该测验的信度和效度都达到了测量学接受的标准。验证性因子分析的结果也表明，该测验工具的性能和结构近似理想标准和要求。因此，商业银行风险经理软实力测验是以商业银行软实力模型为基础，具备良好信度和效度的量表，可以在工作中进一步推广使用，以便测查在岗风险经理的软实力水平，提高风险经理培训的针对性，从而推动商业银行业务的发展。

商业银行风险经理软实力标准体系

第四章 什么是"商业银行风险经理软实力模型词典"

本章提要 本章对"商业银行风险经理软实力模型词典"进行了介绍，先回顾了软实力词典的起源与发展，然后就其结构进行了说明，最后指出了软实力词典的使用原则。

一、软实力词典的起源与发展

1981 年，理查德·鲍伊兹（Richard Boyatzis）对一些关于经理人软实力特征的原始资料进行重新分析、钻研，并归纳出一组可用于辨别优秀经理人才的软实力特征因素，这些因素能够同时适用于不同类型的公司。从 1989 年起，麦克米兰开始对全球 200 多项工作所涉及的软实力特征进行观察研究。经过逐步的发展与完善，共提炼形成了 21 项通用软实力特征要素，构成了软实力特征词典（Soft Power Dictionary，即 Competency Dictionary）的基本内容。这 21 项特征要素概括了人们在日常生活和行为中所表现出来的知识与技能、社会角色、自我概念、特质和动机等特点，形成了企业任职者的软实力特征模型。

麦克米兰和他的研究小组根据对 200 多人在工作中的行为及其运用行为事件访谈所得到的信息，建立了 286 项软实力特征模型数据库，其中包括一般企业、政府、军队教育和宗教等组织中的技术/专业、市场、企业家/领导、服务等各类人员的软实力特征要素。该数据库记录了大约 760 种行为特征，其中与 360 种行为特征相关的 21 项软实力特征要素能够解释每个领域工作中80% ~98% 比例的行为及其结果，其余 400 种行为特征只描述较少提到的软

实力特征要素，因此这 360 种行为特征就构成了软实力词典的基本内容。

继麦克米兰对软实力特征进行研究与分析之后，后来的学术界和企业界都在各自的研究与实践基础上，将软实力特征词典加以丰富和细化，进一步发展了对 21 项软实力特征的研究，使之不仅具有了更广泛的适用性，而且变得更加清晰有效。

词典中所涉及的软实力特征项目，由于考虑到一般工作上的行为，因此在尺度的设计上，以适用于大多数工作的做法来呈现，所以缺乏精确性。当中一些要素可能与某些具体的工作岗位相关性不强，因此词典中的软实力特征要素仅仅为企业自身的软实力特征要素研究提供了参考，各个企业在构建软实力模型的时候应该针对企业自身的行业特征、发展阶段、市场情况等条件，对软实力特征词典进行不断的修订、增删和调整，从而形成符合企业自身特点和需要的软实力特征词典。

事实上，软实力特征词典的开发和研究在国外已经有近 30 年的历史了，相对比较成熟，当中的部分内容也在管理实践中得到了很好的验证。然而，在中国，软实力特征管理还处于初步的发展阶段，众多企业都在纷纷尝试开发和构建适合企业自身特点的软实力（胜任力）模型。但截至目前，国内商业银行行业内尚无一本相对规范的、具有针对性和指导性的风险经理软实力特征词典，无法满足组织动态发展的要求。

因此，课题组从实证的角度出发，在构建"商业银行风险经理软实力模型"的基础上，完善形成了"商业银行风险经理软实力模型词典"。该词典将帮助银行更客观地、更有针对性地选拔、培养、激励商业银行风险经理，进而推动银行核心能力的建设和组织变革。另外，商业银行风险经理软实力特征词典有利于银行进行人力资源盘点，明晰当期企业的人才储备和未来能力要求的差距，更好地为有潜力的员工提供个性化的培训方案，进而搭建更有效的职业发展路径。

二、"商业银行风险经理软实力模型词典"结构说明

"商业银行风险经理软实力模型词典"中出现的软实力特征是一组可测量的行为标准，这些标准是商业银行对风险经理在成就特征、服务特征、个人

特征、管理特征和认知特征五个方面的具体行为要求。每个行为标准都有 5 个等级水平，水平 1（A - 1）是最差的行为表现，其余水平则按此趋势逐级递增，水平 5（A - 5）则是最佳的行为表现。

另外，每个行为标准都有相同的结构，均由以下八个部分组成（见图 4.1）：

A. 名称：用来描述一类软实力特征的名称或标签。

B. 定义：通过列出相关行为的基本属性来规范该软实力特征的界定。

C. 重要性：说明该软实力特征对商业银行发展的意义和重要性。

D. 核心问题：详细列明该软实力特征在各个维度上的代表行为，以帮助读者进一步明确该行为的界定标准。

E. 等级水平：描述了 5 个主要的水平，解释了这项软实力特征不同复杂度和技能水平上的表现。水平 1（A - 1）是最低级、最差的等级水平，而水平 5（A - 5）则是最复杂、最优秀的等级水平。这些水平是按趋势递增的，即水平 2（A - 2）要较水平 1（A - 1）高级，水平 3（A - 3）又较水平 2（A - 2）高级，依次类推。其次，这些水平的内容是经过深入研究的，结构是固定的，不能随便更改和混淆。另外，这些水平是累积性的（水平 1 除外），也就是说表现出水平 5（A - 5）的人也具有水平 3（A - 3）和水平 4（A - 4）的行为表现。

F. 行为表现：从核心问题中列举的各个维度出发，举例说明了风险经理在每个主要的水平上的具体表现，以帮助我们进一步地理解每个水平的含义。这个部分相对比较灵活，可根据该商业银行或特殊应用的需要而增加新的行为描述。

G. 正反案例：针对各个软实力特征，分别从正、反两面提出 1～2 个案例。这些案例是商业银行风险经理在行为事件访谈过程中提到的一些具体事例或观点，既是对词典内容的进一步补充，也是该行为描述和实际应用的真实对接，帮助读者加深对词典的理解。

H. 管理名言：各国伟大的管理专家或著名企业的领导者针对胜任特征发表的有关名言。

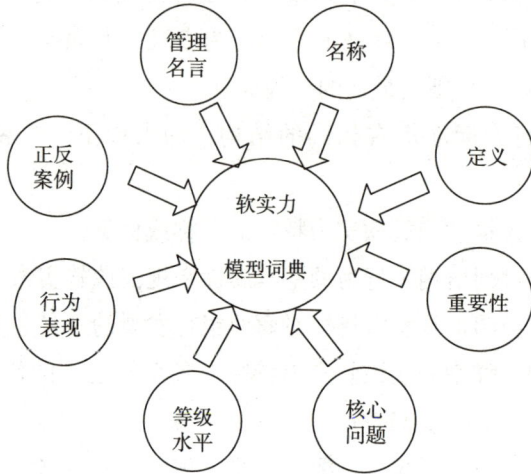

图4.1　软实力模型词典结构图

三、"商业银行风险经理软实力模型词典"使用原则

相似行为：某些软实力标准中的行为描述比较相似。这并不意味着它们相同或有所重叠。在这种情况下，需要仔细阅读包含这种描述的行为核心问题，这将有助于澄清每个行为描述的内涵，找到其与你感觉相似的行为的关键差异。

灵活性：每个水平表现的确切方式会因企业文化、地点和国家的不同而有所变化。使用本词典时，企业可以根据自身特点进行适度的修改和调整。

字典使用者：字典是员工使用的工具，它能有效地帮助员工理解如何提高行为表现。它的主要使用者还包括应用发展者，他们可以利用这个框架建立标准，将诸如培训、发展、评估和选拔之类的过程联结起来。

行为标准的数目：这个词典囊括8项商业银行风险经理的软实力特征行为，假如无选择性地对所有风险经理软实力特征进行开发则会大大提供使用成本，因此，使用者可以在成本范围内，根据组织战略给予每个胜任特征不同的权重，有重点地予以开发。

第五章 如何提升商业银行
风险经理成就软实力

本章提要 本章对商业银行风险经理软实力模型的成就领导力特征群进行了介绍，软实力包括"成就导向"和"学习意识"。风险经理"挑战自我，追求卓越"是其不断成功的必备素质。本章提供了来自许多资深风险经理的成功或遗憾的经典行为事件，相信对读者具有很好的启发作用。

一、如何提升"成就导向"软实力

名称	成就导向	
定义	成就导向是指风险经理不满足于现状，不断地对自己提出更高的要求，敢于承担有挑战性的任务，具有强烈的成就意愿，把事业的成功当做人生最重要的事情。	
重要性	具有成就导向的风险经理常常以更高的绩效标准要求自己，不断进行自我激励，不懈追求事业的进步。	
核心问题	1. 风险经理能否严格要求自己，保证自己的工作不出现人为的失误。 2. 风险经理能否不断地为自己设立更高的目标，并通过这些目标来激励自己，提高自己。 3. 风险经理能否主动接受挑战性工作，并采取一切手段完美完成任务。	
等级	等级定义	行为表现
A－1	甘于现状：在有较强激励的情况下才愿意提高自己。	风险经理容易满足自己的工作绩效水平，缺乏竞争意识和学习意识，必须在有较强激励的作用下才愿意提高自己的绩效水平。
A－2	高标准：有提高自己的绩效水平的意愿，不甘于落后。	风险经理能够努力达到组织所期望的绩效水平，也有一定的意愿提升自己，不甘于落后。
A－3	挑战自我：接受有挑战性的工作，渴望出色地完成任务。	风险经理会为自己设置更高的目标，愿意接受具有挑战性的工作，渴望出色地完成任务。
A－4	追求卓越：具有极强的成就欲，不畏困难，直到完成任务才甘休。	风险经理不断地为自己提出更高的目标，遇到困难时绝不退缩，而是坚持寻找解决方法，势必要出色地完成任务。具有挑战性的工作就是对风险经理最好的激励。
A－5	追求完美：工作追求完美，渴望具有挑战性的任务。	风险经理敢于设立一个之前没人达到的目标，并对出色完成任务始终充满信心。对于工作求完美，从不满足已有的成就。工作的挑战性越大，风险经理受到的激励就越大。工作精益求精，总是在工作的过程中不断提高自己，超越自己。

[正向案例1]

多管齐下，制服"赖债王"

A市的X机械有限公司、Y机械有限公司均为20世纪90年代转制后形成的私营企业。转制后企业为同一法人代表、同一生产场地。两企业转制后长期拖欠某银行贷款共计490万元、利息48万元。同时，还拖欠其他金融机构的贷款。该法人代表在企业转制之初就已准备"赖债"，将企业生产资金分散投资，企业生产多年来处在停停打打的状态。几年来，各家银行采取了诉讼等多种措施追收贷款本息，该法人代表一是仗着是市人大代表，二是仗着企业职工多，银行处置其资产必然引起政府干预，长期"赖债"，银行追收贷款收效甚微。

某年下半年，风险经理小杨调入该银行特资分部后，为了收回贷款，和项目其他人员认真分析总结了过去"收贷难"的原因，并就如何制服这个"赖债王"制订了一个多管齐下的方案，小杨决心要把这户企业贷款收回。

首先通过银监部门向市人大反映，从其上级对企业施加压力；其次向企业发出将坚决诉讼处置其资产的信号，并利用其安置工程师的机会逼其变卖外地闲置资产；再次是对其同胞兄弟（房地产开发商）做工作，促其同胞兄弟收购其已决定开发的一个房地产项目，用该资金还贷；最后与其签订减免部分利息还本协议。最终，该银行在次年顺利按照协议全部收回贷款本金和部分利息。

风险经理在面对不良贷款的处置时，不仅要及时掌握信息，利用各种有利条件，及时采取有效措施，变不利为有利，更重要的是坚定信心，不怕困难，要有敢于碰硬的决心，综合运用好各种处置方式，这样才能有效地解决各种困难，从而帮助银行减少损失。

[正向案例2]

平衡利益，实现双赢

某企业欠 B 银行不良贷款共计 452 万元，处于半停产状态，无力偿还 B 银行的贷款，拒绝签收催收通知，还款意愿差，因此 B 银行向法院提起诉讼。因职工安置问题不能得到解决，执行过程中受到来自政府、企业等方面很大的阻力，以至于抵押物难以处置变现。

风险经理小周通过各种渠道搜集信息，及时了解到该市某事业单位要开办一个培训基地，B 银行积极上门推介，与政府、企业、拟收购方进行多次协商，经过艰难的谈判，确定了由收购方负责安置职工和偿还银行债务的收购方案。风险经理经常面对很多来自政府等机构的压力，但是优秀的风险经理应该不畏困难，坚持不懈，积极寻求解决方案，做到双赢。

[正向案例3]

敢于挑战，终获提升

风险经理小王进入风险部门后，第一次独立地完成部门年度工作总结报告，得到领导的认同和赞赏。小王一直是做信贷管理综合工作，以前在分行信管部的时候，综合岗有 2 个人，上面还有管综合的副总经理。小王一般都是做报表，负责各项临时调查，除了写写调查报告，一般很少做文字上的工作，至于工作总结报告，那更是副总经理的任务了。调到风险部门后，综合管理岗只有小王一人，工作职责上写明"草拟年度工作计划和工作总结"。尽管小王非常紧张，但在上司的鼓励下，还是充满信心。

在风险部门小王每个月和每个季度都要写类似的工作报告，如监督报告和信用风险报告,归纳总结能力比以前写调查报告要强一些。

于是小王把各种报告集中在一起，将全年的工作进行梳理，又将部门以前的工作报告借来参阅，经过几天的认真思考，完成草稿后给领导审阅。

结果，部门对小王第一次写的年度工作总结报告还算满意，没有经过太大的修改就可以上报各个上级部门了。小王感慨道，以前认为很困难的工作，自己也能完成，有信心就可以了。

[反向案例1]

急于处置，缺乏眼光

某银行的客户A厂主要生产棉塔线、涤纶线、木纱团。20世纪90年代中小型纺纱企业普遍不景气，该厂由于机器设备陈旧落后，损耗大，企业冗员多，包袱重，经营观念和经营手段落后，企业经营和财务状况恶化，亏损严重。20世纪90年代后期A厂已停产，失去第一还款来源，第二还款来源的抵押物位于市区南郊三公里，位置较远。该企业于2002年开始归市资产管理公司管理。

自该客户归市资产管理公司管理后，该行风险经理加强与资产管理公司联系，协商处置变现抵押物以收回贷款。因抵押物距离市区位置较远，所在的南郊河堤及道路未建成通车，直接影响了抵押物的变现价值，经过多次协商后，达成减免息协议，最后由市资产管理公司筹措资金，按上级行的批复偿还该行贷款，该行相应减免了利息。其实，该抵押物如能在道路建成通车后进行处置，则抵押物的变现价值会相对较高，风险经理担心企业破产，且想尽早完成该年度的不良资产处置任务，从而采取行动尽快处置。这样，银行的收益也相对减少了。

[反向案例2]

业务不精，支持不力

某地一家大型的工贸一体化企业，是当地银行争抢的大型优质客户，与 A 银行合作多年，也是 A 银行的贸易融资重点客户。在一次业务办理时，A 银行欲发展该企业办理一笔信用证方式结算的业务。

面对市场机会，A 银行及时制订产品服务方案，并成功营销其办理出口押汇业务。A 银行经办行及时向审批部门报审，并得到审批部门初步同意，认为业务合法合规、风险可控，企业及船务公司提供的单据合法、合规，满足 A 银行押汇业务条件。正当经办的客户经理满怀希望时，审批部门的风险经理突然说船务公司单据有问题，无法办理押汇业务，这时船已离港，无法修改单据。该笔业务本已成功在望，却演变成为失败，客户失去信心，A 银行失去一次市场机会。

对审批部门风险经理的专业水平要求是非常高的，需要风险经理不断提高业务水平，并积极接受挑战，从而提高自身的业务素质。如果风险经理的业务水平有限，对银行业务的判断犹豫不决，则难以给予前台营销部门有力的支持和辅助，也难以更好地为银行防范风险。

止谤莫如自修。战胜非议的唯一途径就是战胜自我。

——海尔集团董事长张瑞敏

二、如何提升"学习意识"软实力

名称	学习意识	
定义	学习意识指风险经理具有强烈的学习动力，积极主动地学习银行经营及管理过程中需要的金融、经济、管理学、法学、心理学等各个方面的知识和技能。	
重要性	未来企业的竞争是学习能力的竞争，未来的人才也必定是学习型人才。风险经理作为银行的核心岗位之一，对银行的经营有着极为重要的影响，因此，风险经理的学习能力能够极强地增大银行的应变能力，对银行的发展至关重要。	
核心问题	1. 风险经理是否努力学习该岗位所需要的知识和银行的规章制度。 2. 风险经理能够通过各种途径，进行多个方面的学习，不断更新自己的知识，提高风险管理能力。 3. 风险经理能否与同事多交流，进行知识分享，在行内营造良好的学习氛围。	
等级	等级定义	行为表现
A－1	基本具备：有一定的学习意识，能够主动地向他人学习。	具有一定的学习意愿，能够积极参加组织提供的各种培训。在工作中遇到困难或者难题，也能够主动向别人请教。
A－2	主动学习：主动学习且从实践中不断学习。	能够主动地学习一些新知识和新技能，关于行业的新发展，对知识有着不错的领悟力。在平时工作中也能够不断进行经验总结，尤其是能够从错误中及时吸取教训，提高自己的能力，避免再次犯错。
A－3	善于学习：学习意识好，能够从多种途径进行学习，且能学以致用。	有着较强的求知欲，能够经常利用闲暇时间学习新知识、新业务、新技术。经常对工作进行思考，提出问题，主动与同事或上级进行交流。注重将学到的知识运用到实践中，把学习当做提高自身业务水平的重要方法。
A－4	学习型人才：认识到学习的重要性，不断自主学习，自我提升。	有强烈的学习欲望，善于利用多种途径进行学习。学习的内容也不局限于业务知识，而是努力提高自身的综合素质。注重在发展中不断学习，在学习中不断发展；经常性地总结反思，努力成为一名学习型人才。
A－5	终身学习：学习已经是一种习惯，且善于学习，推陈出新，为建设学习型组织作出重要贡献。	把人生的过程看成是不断学习的过程。有着很好的学习能力，广泛地获取知识和信息；善于吸收和利用前人已经取得的成果和经验，吸收他人的长处；不因循守旧，敢于尝试新方法，从而在学习的基础上进行创新。通过自身的努力学习对其他人造成了积极的影响，为组织营造了良好的学习氛围，也为建设学习型组织作出了贡献。

[正向案例1]

及时领悟政策，通过审查

　　某银行的风险经理小李收到总行、省行《关于对不足值存量押品实施入库挂接的通知》，从 2013 年 7 月开始，对不足值的不良贷款押品实施入库挂接台账工作。小李所在部门分管的企业抵押物经过押品小组的内部评估，大多数为不足值的押品，因此在实施入库挂接过程中的工作量相当大。一方面，既要虚拟押品价值与信贷台账原借款合同挂接，又要重新评估押品，真实反映客观的现值；另一方面，既要新增抵押合同确保与原借款合同的挂接，又要断开与原抵押合同的关系。

　　小李为了保证能够在总行、省行规定的时间内完成此项工作，与全部门的同事认真学习新的操作流程，并连续奋战一个多星期，完成全部不良法人信贷客户不足值押品的入库工作，同时协助押品小组出具了几十份的内部抵（质）押（权）价值审核表，并顺利通过了上级行的内部检查。

　　风险经理在实际工作中需要不断学习新的业务知识，掌握新的操作技能，并能很好地运用到日常规程中。

[正向案例2]

敢于学习，在实践中提高自己

　　刚入职某银行的小王担任风险经理岗位，入职几个月便被借调到 A 支行的公司部。小王接手的第一项任务就是为某不良贷款公司进行风险拨备计提。接触到新的业务后，小王感觉到既兴奋又迷茫，兴奋是因为新工作充满了挑战，迷茫是因为以前没有接触过，甚至刚开始不理解什么叫做风险拨备。但是小王积极进取，敢于、乐于学习的小王立即采取了行动。

首先，他查资料理解不良贷款、风险拨备、计提等专有名词的含义；其次，深入了解该公司的历史背景以及相关资料；再次，积极与管辖不良贷款的相关负责人沟通，了解相关的情况；再次，到档案室调阅该公司的相关资料，并将与自己工作有关的资料进行备份；最后，在专业人士的指导下进行风险拨备。结果，小王顺利完成了领导交给的任务，同时为以后的相关工作打下了扎实的理论基础。风险经理不仅要善于学习，也要在实践中不断地进行学习。

[正向案例3]

灵活运用所学，提高效率

从某年年底，某商业银行开始反洗钱业务监测。风险管理部在上级行的指导下，开始对银行卡进行反洗钱业务监测。风险经理小韩在学习反洗钱知识后，向科技部门负责人建议自行开发反洗钱监控分析工具，以减少工作量，提高监控质量。

后来，监控工具开发成功后，银行卡监控在该分行率先实施，使用自动分析手段结合人工判断，大大提高了反洗钱工作的效率。在总行反洗钱监控系统投产前，该风险管理部的银行卡业务均能按时完成反洗钱监测业务。风险控制不但要积极做，还要及时学习新情况，不断提出改进的意见，才能更加高效地控制风险。

[反向案例1]

知识面不宽，错失机会

在银行中，某些风险经理一直只关注自己手头上的工作，对于一些平常接触较少或不属于自己分管的工作，却一概不去了解。风险经理小刘就曾经因为业务知识面过于狭窄，而错失了很多机会。

有一次，上级主管部门希望了解一些非信贷不良资产的处置情况，而小刘由于极少接触非信贷不良资产的处置工作，因此对此类业务十分不熟悉，对一些具体的情况不够了解，面对上级主管部门的查询时，一问三不知。通过那件事，小刘认识到全面地了解和学习各方面的风险知识，熟练掌握各方面的业务技能对于风险经理来说也是非常重要的。

[反向案例2]

政策学习不及时，客户产生不满

某汽车经销商客户提供其土地使用权向 A 银行作贷款抵押担保，风险经理小于看了其提供的资料后，认为该客户符合 A 银行的贷款条件，于是让客户陆续提供更详尽的其他资料。但是，在客户提交了比较完整的资料后，在准备信贷资料的过程中，一级分行下发文件强调不接受土地使用权的发证方为市工业开发区的抵押物，而该汽车经销商客户的土地使用权的发证方正好属于市工业开发区。

在未能解决该问题的情况下，小于只好通知客户取回资料，并告知暂时不能办理业务。结果，该客户很不满意 A 银行的工作方式，认为 A 银行让客户准备了很多资料，耽误了其融资计划。

其实，小于发现 A 银行不得接受土地使用权的发证方时，市工业开发区的问题文件原先已经下发了，但小于一直没有及时地认真学习。信贷政策变化快，很多风险经理常常因为忙碌而没有加强最新文件的学习，导致在审查审批时，没有正确把握银行内部政策。

未来的文盲将是那些没有知识和不会更新知识的人。成年人被淘汰的最主要原因是学习能力下降。

——管理大师德鲁克

第六章 如何提升商业银行风险经理服务软实力

本章提要 本章对"商业银行风险经理软实力模型"的服务软实力特征群进行了介绍。商业银行风险经理的服务软实力特征主要包括"团队合作"。风险经理在工作中虽然强调更多的是规章制度的实施和风险防范，但是也应该认识到充分发挥团队的作用对于提升风险经理岗位绩效具有的重要意义。本章提供了许多来自资深风险经理的成功或遗憾的经典行为事件，这些事件对于如何提升他们的团队合作意识必然有帮助。

如何提升"团队合作"软实力

名称	团队合作
定义	团队合作是指在工作过程中，风险经理与其他相关人员相互支持、合作奋斗，一起努力实现组织的共同目标。
重要性	团队合作是组织提高核心竞争力的必要条件。风险经理必须具有团队意识和团队精神，才能更好地配合客户经理等同事和上下级的工作，兼顾效率与规范，使组织中的资源得到最优化地利用，并产生高绩效。
核心问题	1. 风险经理是否具备与别人有效沟通的基本技能，能否以踏实的工作态度和诚信公正的处事方式赢得团队成员的信任，积极协助客户经理等同事的工作。 2. 风险经理是否具备整体意识，不计较个人得失与恩怨，而是努力实现组织的目标。 3. 风险经理在团队中能否有效配置资源，采用适当的激励方式鼓舞同事或下属，增强团队的战斗力。

续表

等级	等级定义	行为表现
A-1	缺乏团队意识：被动地配合团队。	风险经理一直以自己的经验能力对项目的风险进行评估，而不大愿意与其他人员沟通合作。在工作中，既不主动提供帮助，也不主动请求帮助，不懂得发挥团队的力量。
A-2	具备团队意识：主动融入团队。	风险经理具有一定的团队意识，在进行一些项目风险评估时能够征求团队成员的意见或建议。在团队成员遇到困难时，能够根据自己的能力提供帮助。
A-3	引领团队：善于组建合适、高效的团队。	风险经理对其团队成员的能力情况非常熟悉，能够主动根据项目的具体情况组建特定的评估团队。尽量协调、尊重、信任、支持每个团队成员，营造良好的团队合作氛围，充分发挥团队的作用。
A-4	牺牲精神：极为重视团队，愿为团队牺牲个人利益。	风险经理把团队成员当成真正的朋友对待，不仅在工作上为他们提供帮助，也经常主动地关心成员的生活。具有很好的团队精神，在合作过程中，能够换位思考，尽心尽力，不计较个人得失，甚至不惜牺牲个人利益来为团队作贡献。
A-5	卓越领导：领导着整个团队，对团队的发展起着极为重要的作用。	风险经理具有很好的人格魅力和团队领导能力，能够明确团队的目标和发展方向，及时有效地激励团队成员，使整个团队充满激情和信心，为完成目标而不断努力。善于在团队内配置资源，化解团队中的冲突。促进团队成员之间的良性竞争。

[正向案例1]

主动担当，为团队作贡献

某商业银行总行指定使用国际通用审计软件 SAS，要求各行在短时间内应用此工具软件，取得稽核效益。根据团队的知识能力和人员结构情况，风险经理朱虹主动承担了前期攻关的任务，迅速克服语言上的障碍，阅读了大量的英文技术资料，在一个月内熟练掌握国际通

用审计软件 SAS，并将知识传递给团队的其他成员，从而为该机构成功实施 SAS 审计奠定了良好的基础。

朱虹所在的审计团队最大限度地发挥了计算机辅助工具的作用，在海量的数据中挖掘出风险点，揭示了业务风险情况，最终圆满地完成了总行布置的取得稽核效益的任务。

在一个团队中，遇到困难的时候，总需要有人站出来，勇于攻关最难的任务，从而为整个团队节省精力和时间，确保总目标的顺利完成。

[正向案例 2]

效率是关键

某客户是 X 市当地有名的个体户，是 B 银行的金卡客户，同时也是 A 银行的理财金客户。近期该客户因资金短缺急需向银行申请个人贷款，在得知该信息后，A 银行的客户经理与风险经理积极合作，采取各种优质服务和营销技巧把该客户抢回 A 银行办理，并在短时间内完成贷款审查审批。

风险经理洪军作为贷款审核、审批和抵押核保人员，为促进该笔个人贷款顺利完成，在多方面考虑办理该贷款的可行性、合法性的同时，接到基层行的贷款资料后，第一时间对抵押物进行实地核保，完善核保手续，并加班加点对贷款资料进行审查报批，从贷款资料受理到完成审批只用了两天时间。

该客户对 A 银行的效率与服务表示赞赏，A 银行也因此稳住了该优质客户。风险经理与客户经理在不违反原则和操作规定的前提下，通力合作，急客户之所急，不仅及时解决了客户的问题，稳住了客户，还积极拓展了 A 银行的个人优质客户，从而促进了 A 银行个人贷款业务的发展。

[正向案例3]

成功来自团队的力量

　　风险经理陈锦在A银行的某支行任业务部经理。由于历史原因该支行当时有很多不良贷款，急需增加优良资产提升该支行在分行的排名，为此，业务部决定先从营销纯按揭的客户着手。

　　当时陈经理的团队只有4个人（包括陈经理），都没有做过按揭贷款业务，于是他们一起学习按揭贷款业务的相关规定，请教有经验的支行，提前做好了功课。3个客户经理与作为风险经理的小陈一起到市区较远地段的一个新楼盘，先观察正在施工的工地，工程主体即将封顶，然后到售楼部了解单位的结构和销售情况，刚好该楼盘的老板也在跟进销售进度。营销团队一边称赞一边递上名片，老板热情地和小陈聊了起来。小陈趁机围绕着楼盘销售介绍A银行按揭贷款的优势，团队每个人都积极地参与进行详细的介绍，该老板表现出很大的热情并给予高度认可，同时给整个团队增添了信心。

　　最终，该楼盘老板被这个年轻、团结、有活力的团队所感染，决定在A银行办理全部的纯按揭贷款。

[反向案例1]

分工不当，团队失败

　　某银行领导布置了一个项目，该项目对审计团队的知识能力要求很高。李某作为该项目经理，经过分析研究后，觉得只能由他一个人负责大部分的工作，特别是前期的数据分析处理工作。而且该项目时间要求很紧，没有足够的时间来进行知识传递的培训。

　　李某用了项目要求的大约2/3的时间来完成了前期的所有工作，让团队的其他4位成员在这段时间去处理该项目外的其他日常工作。最终，在小李前期工作成果的基础上，团队还是在要求的时间内完成了任务。

尽管李经理团队完成了该项目，但是领导对此项目的进度不甚满意，觉得小李作为项目经理并没有合理地对团队各人员工作进行分工。另外，除了项目管理能力还欠火候外，小李作为风险经理，在日常工作中，缺乏有针对性地对团队成员进行培训。只有加强平时的管理和加强人才资源的配置，针对团队成员进行不同方面的专业能力培养，才能在需要时做到游刃有余。

[反向案例 2]

缺乏合作，两败俱伤

在某年下半年，风险经理王先生在广东 X 市区 A 支行负责清收城市信用社并账贷款工作。其中，某企业欠该行贷款 35 万元，利息约 40 万元，贷款无抵押，该企业已濒临破产，无力偿还贷款，但贷款由甲企业作连带责任保证。甲企业生产经营正常，是该行市区 B 支行的正常贷款客户（贷款 650 万元），经调查分析，其完全有能力履行连带保证责任，且不影响其正常生产。为了收回贷款，A 支行决定向保证人追收。

为了不影响甲企业在该行市区 B 支行的正常贷款，A 支行先与市区 B 支行的行领导作了通报，请求支持，并一同向甲企业追收，商议分期还款情况。但甲企业拒绝履行保证责任。A 支行为维护支行债权，采取了诉讼方式清收，并进行了诉前保全，查封了其银行账户（资金约 60 万元）及一批库存产品。眼见贷款就能收回，但甲企业通过 B 支行的领导一同向 X 市分行反映情况。而 X 市分行的管理层偏听偏信，并要求 A 支行撤诉。虽然 A 支行据理力争，但都无法挽回。

结果 A 支行不得不撤诉，贷款未能收回，最终被剥离，损失加大。随后，甲企业欠该行市区 B 支行的贷款也于 2006 年形成不良，最终通过诉讼处置抵押物才收回贷款本息。其实如果 A、B 两支行能够很好地配合，相互理解，积极合作，就能避免相关的损失。

最好的CEO是构建他们的团队来达成梦想，即便是迈克尔·乔丹也需要队友来一起打比赛。

——通用电话电子公司董事长查尔斯·李

第七章　如何提升商业银行
风险经理个人软实力

本章提要　本章对"商业银行风险经理软实力模型"的个人软实力特征群进行了介绍。风险经理进行自我素质能力的提升是非常重要的，风险经理个人软实力特征群包括"诚实正直"、"责任心"和"稳重严谨"。对每一个软实力素质特征，本章都提供了许多来自资深风险经理的成功或遗憾的经典行为事件，相信能够帮助风险经理找到进一步成长的途径。

一、如何提升"诚实正直"软实力

名称	诚实正直	
定义	诚实正直是指风险经理做事公正，坚持自己的原则，不徇私舞弊，坚持正道的品格。	
重要性	作为银行业务的审批人员和监督者，风险经理必须抗拒源源不断的外来诱惑，坚持原则，才能有效地防范操作风险等风险问题。正直的风险经理不会阿谀奉承，敢作敢为，恪守职业道德规范，公正无私，坚持维护银行的利益。	
核心问题	1. 风险经理能否承受外来的一切压力与诱惑，坚持正确的原则。 2. 风险经理处理事情能否做到态度前后一致，公平地对待同事与下属。 3. 风险经理能否承认错误，积极听取多方面的意见，公正不阿地待人接物。	
等级	等级定义	行为表现
A－1	基本正直：在制度的监督下保持正直。	风险经理在有效制度的监督下能够做到公正，但有时候处理一些制度外或细小的事情，不够正直。
A－2	公平公正：尽可能公平公正，不徇私舞弊。	风险经理在处理事情时尽可能做到公正公平，不会为了私人利益而违反职业道德规范。
A－3	坚持原则：坚持自己的原则，对危及银行利益的事情绝不让步。	风险经理在面对权势威迫或者巨大利益诱惑的时候依然坚持自己的原则，能够坚持正确的东西，对危及银行利益的事情绝不让步。在管理下属的过程中，尽可能公平地对待下属，也敢于承认自己的错误。

续表

等级	等级定义	行为表现
A－4	坚持信念、表里如一：有较高的道德标准和良知，坚持自己的信念，说到做到。	风险经理有自己的道德标准和良知，有勇气坚持自己的信念，即使是细小的事情，风险经理都不妥协，坚持公正地进行处理。对于承诺的事情，风险经理都坚持办到，不会心口不一，想一套做一套。
A－5	刚直坦率、正直待人：正直是行为标准。能够公平反对有失原则的事情。以正直获得信誉，注重在团队中形成正直之风。	正直一直是风险经理日常行为的标准之一。面对有违公平公正原则和银行利益的任何事情，风险经理都能义无反顾地公开提出反对意见。一直以其正直得到团队成员的信任、尊重，影响感染团队成员，促使团队形成正直之风。

[正向案例1]

坚持己见，预防风险

某年，时值国内的煤电油运资源紧缺，各地不断上马新的电力项目，大家都认为电力企业肯定赚钱，向这种企业发放贷款风险较小。当时，风险经理赵劲手头接到一笔广东某发电企业的流动资金贷款审查业务，企业能提供其工业厂房及发电设备抵押。经办的支行也表态，电力这样紧缺，该笔贷款收回是没问题的，客户经理更是每天打电话给小赵催办贷款。

赵经理并没有因为该支行的压力而放松对贷款审查尺度的把握，而是提出相反的审查意见，分析认为：资源紧缺将在相当长的时间内困扰经济的发展，这就要求企业更加合理地使用资源。我国主要用煤发电，电力紧张，从另一个角度来看电力生产企业要想更加合理地使用煤炭资源，就必然要上马大的发电机组，才能更加节约资源，小的电力项目将不断被淘汰。广东地区本来资源紧缺，发电企业少，上报的该企业看似有市场，但是由于其机组小，浪费资源，各地上马火力发电厂存在着跟风的现象，不是资源的合理使用，而是违背了市场经济规律。小赵自己独立思考分析，给出充分的理由，提出审查意见，建议不办理该笔业务。

最后，该笔流动资金贷款被否决。后来，事实证明赵经理的判断是正确的，由于煤炭价格不断上涨，煤炭资源严重紧缺，很多发电厂开工不足。同时由于煤电价格倒挂，发电企业亏损严重。

风险经理做事要坚持自己的原则，不要人云亦云，屈于外力，要有自己独立的思考和分析能力，找证据、找数据去支持分析的结论，并坚持自己的判断。

[正向案例2]

顶住压力，坚持原则

某分行报上来一笔贷款让信贷部门的风险经理刘经理审批。刘经理凭借其多年的经验判断和对该企业的观察，觉得有不可控风险，就没有审批。该分行采取各种办法想让刘经理审批通过，甚至请行长出面来讲情。但是刘经理坚持没有审批，该企业后来经营果然出现问题，幸好刘经理的坚持，才避免了损失。

无独有偶，刘经理最近收到某支行报来1000万元流动资金贷款一笔，所属行业为该银行信贷政策的禁入行业，企业经营情况比较一般，销售收入一直未在该行办理归行，股东的历史信用记录较差。虽然企业经营者与所在分行的某位领导是同学关系。但是按照风险管理流程审批，刘经理坚持不同意办理该笔业务。后来，该企业在其他金融机构的融资出现逾期，该支行由于没有介入融资而避免了损失。

[反向案例]

轻信熟人，忽视规则

风险经理黄明在一次审查信贷档案完整性的时候，在明知缺漏某个要件类资料的情况下，将该信贷档案归档。其实，黄明早已发现该笔档案存在一些问题，但出于熟人间的信任，经办的信贷员与黄明已经工作交往多年，并答应会自行整改补充资料的情况下，黄明才愿意将档案提前入库归档。

后来上级行来检查，检查组发现该笔档案缺漏相关资料，要求信贷员及时整改，黄明也受到了领导的批评。通过这件事，黄明深刻认识到，银行是十分讲究制度、讲究原则的，从事每项工作都必须具备一丝不苟、兢兢业业的精神，只有这样才能把工作做好。

> 最容易使人上当受骗的是言听计从、唯唯诺诺的人；我宁愿用那种脾气不好，但敢于讲真话的人，作为领导者，你身边这样的人越多，办成的事也越多。
>
> ————IMB第二代领导人沃森

二、如何提升"责任心"软实力

名称	责任心
定义	责任心是指风险经理能够认识到自己的工作对银行的重要性，敢于负责，主动承担相应的责任，把实现银行的目标当成自己的目标而努力奋斗。
重要性	风险经理对银行能够稳定经营有着重要的影响，责任心是每个风险经理的必备素质，责任心强的风险经理本着对工作高度负责的态度，精益求精，往往具有较好的执行力。
核心问题	1. 风险经理是否正确认识其工作对银行防范经营风险的重要性以及工作所赋予的权利与责任。 2. 风险经理是否热爱本职工作，任劳任怨，一丝不苟，认真负责地完成工作。 3. 风险经理能否以银行的利益为出发点，不局限于自己的工作职责，在必要时主动承担更多的职责。 4. 风险经理能否把自己的工作当成事业对待，甚至在必要时为了银行的利益作出牺牲。

续表

等级	等级定义	行为表现
A-1	缺乏责任心：工作不够尽心尽责。	对自己的工作不满意，工作态度不够认真，无法正确认识其工作的重要性。
A-2	基本尽职：能够认真做好本职工作。	能够正确认识其工作的重要性，遵守职业规范，工作比较投入，确保顺利完成日常工作任务。
A-3	责任心强：正确认识其角色和职责，把做好本职工作当成头等重要的事情。	充分认识风险经理在银行的角色位置，敢于承担责任。工作时充满热情，任劳任怨，有始有终。把工作绩效的提高和银行整体目标的实现作为自己的重要责任。
A-4	全力以赴：能够主动承担责任，并在工作中获得很大的满足感。	不管面对多么艰难的任务，风险经理都能主动承担，积极思考，寻找解决方法，力求完美地完成任务。把完成自己的工作职责当成是最重要的事情，对待任何工作都全力以赴，并在工作中获得很大的满足感。
A-5	牺牲精神：具有主人翁意识，对待工作如事业，必要时，愿意为组织牺牲个人利益。	风险经理具有强烈的主人翁意识，把工作当做自己的事业看待，把银行当做发展自己的舞台。主动承担更多责任，从工作中寻求自身的价值和满足感，经常对工作中存在的问题提出建议和解决方法。对工作高度负责，能够与银行或团队共患难，愿意自我牺牲以出色完成任务。

[正向案例1]

主动加班，顺利完成任务

A银行筹备股改上市，2010年4月中旬紧急通知辖内分行进行股改前的不良资产剥离，并要求该项工作一定要在2010年5月1日前完成。整项工作时间非常紧迫，任务重，压力大，情况复杂，一级分行的特殊资产部门的领导精心组织、细心布置。在上级的指挥下，风险经理蔡东高度集中精力，密切配合所管辖的二级分行全部风险部的人员，不分昼夜地加班加点，甚至曾经连续工作36个小时以上。最后，他们准确顺利地完成了数据核对、尽职调查、档案组卷、移交公告等各项剥离工作。

风险经理蔡东对待上级交代的工作尽心尽力，把工作当成事业对待，为了能够顺利完成行内剥离不良资产，不惜加班加点，为该行的顺利股改最大限度地贡献力量，并被总行评为该年度资产风险管理工作的先进个人。

[正向案例2]

责任是高绩效的前提

某分行为了夯实信贷基础管理，防范贷款风险，决定进一步严格管理逾期贷款和利息的信贷资产质量分类。对贷款本金逾期欠息30天（不含）以上的表内信贷资产分类结果不得优于次级一级，对正常管理类逾期贷款的清收转化效率要求也相应提高。

风险经理郑某坚持对即将到期的贷款进行预警通知以及付息的提示，并认真做好到期贷款收回情况的分析，督促经办行落实足额资金还本付息，对于与该行合同约定分期还贷计划的项目贷款，也逐月进行监测预警。对出现逾期的贷款、欠息，通过通报、邮件警示等形式，要求经办行尽力采取措施，收清贷款本息。经过两年多的工作，郑某及时掌握了行内贷款和利息清收的情况，也对经办行在贷款和收息工作上给予了许多指导，加强了该行的到期贷款和利息管理。

风险经理对工作怀有高度的责任心，能为工作提供一直进步的动力，不断创新管理方法，为银行提高了风险管理水平。

[正向案例3]

积极搜集信息，成功预警

A客户与某银行有较好的信贷关系，在该银行具有一定的融资能力和业务，信誉良好，无违约记录。但在贷款到期时，A客户由于资金紧张，发生了逾期行为，在办理了再融资业务后，相关信息获取不足。风险经理黄敬获知 A 客户在其他银行有较大的信贷业务，且存在较大金额的不良贷款，通过查询人民银行征信系统，将得到的信息进行汇总和分析，发现了 A 客户可能存在潜在风险，并将有关风险对经办行发出了预警提示，要求经办行做好相关的防范措施。

最后，黄敬根据风险点，结合客户及行内制度规定的实际情况，对该客户的现有贷款制订合理、有效的防范措施，从而提高该银行的信贷资产安全。风险经理需要充分、有效地综合运用各系统和多渠道的数据信息，结合有效的分析方法，及时发现风险苗头，有针对性地采取防范措施，降低银行的资产风险。

[反向案例]

责任意识不够，整改效果不佳

上半年，风险经理陈某根据上级行及管理工作的需要，对辖内分行开展了多次的业务专项检查。在检查中，陈经理对于存在的问题遵循"边查边改，以查促改"的原则，有效抓住检查重点，对多次重申再次出现的问题，下发检查工作底稿，要求经办行落实专人进行整改，并将整改情况进行回复。

但是，尽管开展了多次检查，取得的效果甚微。首先经办行不重视，其次作为督促整改的陈经理也未能尽职，往往是检查完了，问题发生了，就不再跟踪了，造成好些问题拖拉了几个月也未能解决，同时也出现同样问题一再发生的现象。风险经理应该具有高度的责任心，提高自己的管理意识，对于监督检查工作要认真做好归纳总结、跟踪记录，在必要时还要追究相关责任人，这样整改的力度才能有效。

> 员工能力与责任的提高，是企业成功之源。
>
> ——IMB第二代领导人沃森

三、如何提升"稳重严谨"软实力

名称	稳重严谨	
定义	稳重严谨是指风险经理在工作中态度认真仔细，关注细节信息，做事考虑周详，尽可能地减少人为错误。	
重要性	风险经理负责银行业务经营的风险管理，其必须按照文件工作要求对每项业务进行严谨细致的审查和检查，尽可能做到考虑周全，才能够作出合理适宜的决策。	
核心问题	1. 风险经理能否注意到每个制度的细节，对提交的材料进行全面的检查。 2. 风险经理能否不局限于材料及一些硬性指标，而是同时注重一些软标准。 3. 风险经理能否严格把关，对每个小错误都要寻根问底，吹毛求疵。	
等级	等级定义	行为表现
A-1	不够谨慎：工作较少出错，但是有时考虑欠缺周全。	能够关注细节，工作过程也能做到认真仔细，对于一些常规性工作基本上不会出现差错，但是在考虑处理一些新问题时不够周全。
A-2	认真谨慎：工作比较认真谨慎，基本不出现错误。	注重工作中的细节问题，工作条例清晰，较少发生人为错漏。
A-3	注重规范和细节：工作规范且有条理，考虑周全。	工作非常重视条理性和规范性，极少或者从来没因粗心而出错。在遇到一些突发问题或难题时，不鲁莽行事，而是积极思考，或寻求帮助，以便顺利解决问题。
A-4	讲究严谨：工作有很好的计划性，能够有效预防工作过程中可能出现的错误。	做事十分讲究严谨，但是却不因害怕犯错而退缩，而是想尽一切方法来追求完美。工作过程中有很强的计划性和很好的执行力，常常能够考虑到工作过程中可能出现的错误，并能够在考虑成本的情况下减少工作偏差。
A-5	严谨但不拘谨：善于平衡多方利益，有极强的应变能力。不拘束于规范，能够创新。	做事严谨但为人却具有亲和力。处理问题时能够考虑多方的利益。当利益可以平衡时，能够在多种方案中选择最优方法。对于突发的问题，通常也能有效地处理。严格遵守职业规范，但是却不拘谨，而是敢于尝试，敢于创新。

[正向案例1]

严谨是效益的保证

某年4月，某银行风险经理张某在分行信贷管理部负责不良贷款的处置审查。期间，张经理收到上报处置某公司抵押物项目的资料，因城建改造，该公司在银行贷款的抵押物将部分被拆除。从上报的资料测算，张经理发现被拆的抵押物补偿款不符（少35万元），于是及时出具了要求补充核查补偿款的意见书，上报部门接受张经理的审查意见，知会企业并与之一起和政府有关部门进行核实。

最后，分行为企业争得了错、漏的补偿款，也多收回了本行35万元不良贷款。只要风险经理在日常工作中保持严谨，多细致观察，有时就能避免不必要的损失，甚至产生出多赢的效益。

[正向案例2]

细致分析，控制信贷风险

某客户拟向A银行申请小企业贷款，需要提供企业对账单给A银行测算现金流参考。该客户知道A银行的授信及贷款发放需要参考客户的现金流量，于是提交了贷方流入量较为可观的近12个月的银行对账单。但风险经理叶文经过仔细分析客户的现金流发现，该客户所提交的对账单中，最近几个月的贷方收入较前几个月明显增多，同时借方的流出量也明显增大，经过进一步了解分析，发现该客户存在短期内采取一笔或者几笔资金做大现金流的行为，实际上，该客户并没有那么多的销售回笼收入。

风险经理发现客户的现金流问题后，对其提交的银行对账单进行分析整理，剔除其虚增的现金流，并通过多方面的深入了解，最终得到客户比较真实的现金流情况。风险经理根据分析掌握的该客户比较真实的现金流数据，结合行内的信贷政策，制定了与客户真实经营情况相匹配的授信金额与贷款条件，避免了客户虚增货款回笼想要得到大额贷款的风险隐患。

负责信贷审查的风险经理，对于客户所提交的关键资料需要严谨对待，认真分析，透过表象材料看到企业的真实情况，这样，才能有效地减少信贷风险。

[正向案例3]

防范风险于细微处

某企业在向银行申请贷款时，根据银行的审批条件需要法定代表人及其配偶对贷款承担个人连带保证担保责任。刚开始，该法定代表人不同意这一审批条件，说配偶不方便签名之类的原因。后来该企业送来了保证合同，签署栏显示是两个人的签名（其中一个是法人签字，另一个说是其配偶的签字），风险经理黄经理立刻对这种情况提高警惕，通过各种信息渠道深入了解，发现该保证合同上的签字不是法人配偶所签。

黄经理在了解情况后，前往企业与法定代表人沟通，最终企业法定代表人及其配偶同意在银行工作人员的面前签订了保证合同，保证了客户所签的合同真实有效。

在办理业务的过程中，防范风险要着眼于每一个细节，要严格掌握相关的重要文件是否真实有效，以避免签名无效之类的法律风险出现。

[正向案例4]

严谨处事，规避信贷风险

风险经理陈军作为业务检查员，需要对各项业务流程进行检查。一次，陈军对客户用卡的情况进行分析时，发现某客户在较长一段时间内，固定时间、固定商户、固定金额进行消费，再对此客户的其他

消费情况检查，认为该客户应该属于可疑套现，于是小陈向负责人汇报，决定对该客户进行重点关注。

首先，小陈联系客户，侧面了解客户的用卡习惯，并到实地调查商户的经营情况。在该客户还款后，小陈开始将其信用额度逐步调低，同时向上级汇报商户情况。结果，该客户在他行办的卡由于资金周转困难形成不良，而小陈所在银行的卡由于及时采取有效措施，并没有在该行形成不良透支并已成功劝其销户。

风险经理对风险的控制不能停留在理论上，还要在实际业务中多发现、多留意，及时分析，而且业务检查的"面"和"量"一点都不能少。

[反向案例1]

严谨，才能不违规

广东省某冶金厂因资不抵债，依法宣告破产。A银行的贷款抵押物为企业名下的商铺房产，按清算评估价格测算，A银行绝大部分的贷款本息可以受偿。但在清算过程中，最高人民法院出台了《关于破产企业国有划拨土地使用权应否列入破产财产等问题的批复》的司法解释。法院按照解释第三条第（二）项"国有企业以建筑物设定抵押的效力问题，应区分两种情况处理：如果建筑物附着于以划拨方式取得的国有土地使用权之上，将该建筑物与土地使用权一并设定抵押的，对土地使用权的抵押需履行法定的审批手续，否则，应认定抵押无效……"的规定，认定该冶金厂向A银行提供抵押的房产附着土地属于国有划拨土地，并鉴于该土地没有办理审批和抵押登记手续，推断该厂房的抵押登记无效。A银行多次向清算组、法院及当地政府提出异议，但最终法院还是裁定A银行的抵押登记无效，债权受偿为零。

在担保贷款业务中，担保人以房产和地产（统称房地产）作抵押的情况十分常见，由于信贷审查的风险经理对于法律法规缺乏准确的理解，在办理这类业务时不够严谨，导致房地产抵押合同无效的案例屡见不鲜，银行资产也因此遭致损失。

[反向案例2]

不严谨，麻烦多

某风险经理在进行信贷资产质量分类时，发现某企业的贷款分类结果与上期不符。由于该银行的不良贷款划分各支行管理后，有关信贷台账的维护包括信贷资产质量分类工作已由各支行负责。

风险经理在清分时发现这个问题后，立即与主管的信贷员进行联系，了解出错原因，并将情况与相关审批部门进行沟通，同时逐级向各级管理部门申请开通系统，重新进行分类，确保该银行信贷资产质量分类的准确性。

但是，由于该银行总行已进行了数据的转登，不可能重新进行当月的分类，造成了分类数据与实际的清分结果有出入。由于不够谨慎，风险经理只能向市银监局、人民银行进行专门的解释工作，该银行也多了不少麻烦。

[反向案例3]

严谨，不在于表面

不锈钢生产企业A在某银行的内部信用评级较高，授信额度达到4 000万元，是该银行的存量贷款客户，并且一直在该银行有国内信用证和银行承兑汇票等业务，负责审查的风险经理刘丽也一直注意控制A企业的融资是否在授信额度内。

有一次，A企业要求开立承兑汇票业务，并催促赶紧办理。刘丽感觉该企业的资金链可能出现问题，但并没有进行细致的了解，只是按银行内部的授信额度要求来掌握企业的开票业务，并要求提高保证金比例至50%。该企业满足了上述要求，一共办理了三笔开票和一笔信用证，累计金额约800万元。但不久，便传出该企业经营者欠下高

利贷，为逃避债务，已不知去向，工厂的不锈钢存货也被人搬走，在该银行的贷款出现不良。

　　市场会存在一些突发事件，有时即使审批的贷款表面上符合政策要求，但由于调查不充分，对企业经营者的调查了解不够深入，同样容易导致贷款风险。另外，个人有时多年累积下来的一些感性判断也很重要，当时刘丽已隐约感觉该企业要出问题，但没有继续深入审查下去，最后银行还是出现了不良贷款。

　　　　企业家应该严谨但不拘谨，轻松而不放松，平常而不平庸，随和而不随便。

　　　　　　　　——中国太平洋建设集团有限公司董事局主席严介和

第八章　如何提升商业银行风险经理管理软实力

本章提要　本章对"商业银行风险经理软实力模型"的管理软实力特征群进行了介绍。风险经理重点对商业银行的风险管理负责，是商业银行的管理者之一，因而必须具备特定岗位的管理软实力。风险经理管理软实力特征群围绕风险而展开，包括"风险驾驭"和"规范意识"等素质特征。对每一个软实力素质特征，本章提供了许多来自资深风险经理的成功或遗憾的经典行为事件，相信对读者具有很好的启发作用。

一、如何提升"风险驾驭"软实力

名称	风险驾驭	
定义	风险驾驭是指风险经理能够时刻保持敏锐的风险洞察力，识别银行业务中潜在的风险，并对风险进行有效管理。	
重要性	风险驾驭是风险经理最基本的能力，也是最重要的能力。作为规避银行风险的主力军，风险经理的风险管理能力直接影响银行的生存。	
核心问题	1. 风险经理能否把握各个业务领域的风险点，提前做好风险防范措施。 2. 风险经理能否有目的地跟踪客户，做好贷后风险管理工作。 3. 风险经理能否提前对业务员进行培训，对业务进行检查，防范操作风险。 4. 风险经理能否站在银行的角度，定期对信贷风险、市场风险、流动性风险等作出评估，并提出系统可行的风险管理措施。	
等级	等级定义	行为表现
A-1	基本防御风险：能够及时发现风险，采取一定措施进行处理。	具备基本的风险知识，能够有意识地收集相关信息，及时发现风险，并采取一定的措施管理风险。

续表

等级	等级定义	行为表现
A－2	风险控制：能够及时发现风险，采取多种措施控制风险。	具有一定的前瞻性，能够对一些业务采取风险防范措施。具有较丰富的风险管理经验，对于发现的风险能够通过多种途径进行管理控制。
A－3	有效管理风险：通常能够做好风险防范措施，在发现风险后锁定风险，将风险范围和深度控制在最小程度，并采取措施化解风险。	前瞻性较强，通常能够对业务的潜在风险采取有效的防范措施，发现风险后，能够及时采取有效的措施去锁定风险，防止风险的蔓延，并化解风险。
A－4	防患于未然：具备风险的预见能力和控制能力强。	前瞻性很强，能够很好地评估业务的潜在风险，并为银行提供系统的防范措施。经常能够在风险发生之前把握业务的风险点，并采取相应的措施避免风险的发生。
A－5	全面风险管理观：能够从战略的角度认识风险，对银行的发展中潜在的风险进行有效的管理。	具有全局观，常常能够收集信息，对危及银行的风险进行有效的管理。不惧风险，但在面对巨大利益诱惑时也能保持清醒的头脑，不贸然行事，而是能够根据银行的具体情况对银行的发展提出建设性的意见。能够为银行建立完善的风险防范机制，并得到同行业的认同。

[正向案例1]

深入检查，规避操作风险

某风险经理在行内依法合规大检查时，带队对某市分行开展检查。检查员发现某市分行的某网点负责人携带储户存折上岗工作，相关存折余额均在拾元位以下，另外，发现该网点负责人对监督录像的内控管理监控不重视等。

该风险经理在听取检查员汇报工作时，检查员提到该网点负责人携带储户存折上岗工作是因家属或朋友委托保管。风险经理认为这样的理由不合理，该网点负责人已违反工作纪律。同时，风险经理留意到该网点负责人的内控管理意识薄弱，于是组织检查员作进一步的检查核实。在该市分行的支持配合下，通过调阅相关账户明细账、网点现金库存现金流、监控录像、与员工座谈了解情况等方式，从日存、取款业务交易额、现金库存的收付、储户的现场交易操作等多层次、多角度深入细致地分析后，发现该网点负责人存在利用亲友存折进行网点调拨现金的现象。

通过排查，发现该网点负责人持亲友存折上岗工作，是应付办理柜台转账业务因现金库存不足逃避办理申请领取现金手续或直接向其他网点调拨现金进行的虚拟存款。该行为涉及数个储户、全网点多名员工，存在很大的内控管理安全隐患。通过将检查情况与被查行沟通，该行为得到了及时的纠正整改，排除了调拨现金操作管理的风险隐患。

风险经理在工作中要时刻具备敏锐的风险驾驭能力，具备良好的业务综合分析能力和组织协调能力，以应对复杂多变的风险隐患，做好全面风险管理的内控工作。

[正向案例2]

突破思维，预警及时

风险经理周经理所在的内控合规部承担了某行操作风险监测管理的工作。该项工作要求二级分行每个季度都要将相关的操作风险指标数据上报该部，然后汇总并撰写操作风险报告。由于是手工报送的指标数据，因此不一定能发现隐藏的各种操作风险。而该行计算机设备先进，各种经营管理数据齐全，对全省的监测分析过程只需动用一个人力。这使利用计算机工具进行实时风险管理成为可能。如何紧密围绕该行经营管理的重点，把握各项业务的主要风险点和薄弱环节，主动适时、创造性地开展风险管理工作，成为周经理思考的主要方向。

周经理针对该行提供的贷记卡自动还款服务，对某年第二季度贷记卡还款日的交易明细进行了监测分析，发现贷记卡自动还款功能存在缺陷，因为该季度全省17个分行共460笔客户贷记卡重复自动还透支款76万元。针对非现场监测结果，周经理建议专业部门进一步跟进，并向总行相关部门反映贷记卡自动还款功能存在的缺陷，向客户作出恰当的补救处理。整个过程花费了极少的人力物力，最终揭示了风险并得到相关业务部门的赞许，起到为该行业务保驾护航的作用。

[正向案例 3]

不断跟踪，及时处置

某公司在生产经营中遗留的历史问题较多，生产产品技术含量低，市场占有率不高，当时以来料加工、代加工为主，自主生产能力薄弱，而且其经济纠纷、拖欠工资等问题在社会上影响大。当时该公司在 A 银行贷款 7400 多万元，除了以专用生产设备做抵押外，还有就是提供的没有担保能力的关联企业担保。A 银行贷款存在的潜在风险高，潜在损失较大。

风险经理赵经理密切跟踪企业状况，在掌握企业欲对外扩大融资的信息时，利用其希望摆脱在人民银行征信系统中不良贷款企业帽子的心理，第一时间与企业及总行沟通，充分运用还款免息政策，劝说其筹集资金还本，并提出了实施减免利息的清收处置方案。经过小赵 1 年的不断努力，密切跟踪，A 银行终于全额收回了不良贷款本金及部分贷款利息，尽最大可能减少了银行的损失。风险经理能否及时发现不良贷款，并作出及时处置，是风险经理是否具备风险驾驭能力的衡量标准。

[正向案例 4]

检查到位，防范信贷风险

某支行有一存量流动资金贷款的客户，贷款余额 600 多万元。风险经理黄时在贷后管理以及贷款审查过程中，发现该客户现金流量呈下滑趋势，经营情况变差，第一还款来源出现预警信号，抵押物经过重评后也出现不足额，第二还款来源也不足，属于潜在风险贷款客户。

黄经理在综合分析该客户的风险状况后，认为需要对该客户采取逐步压缩贷款的措施，为最终成功退出潜在风险贷款创造有利条件。

在办理该客户的存量信贷业务时，黄经理提出要求，该客户必须压缩一定比例的贷款，提高贷款利率，增加抵押物，购买该行为受益人的足额财产保险才能给其办理转贷。最后，经过风险经理和经办支行的不断努力，该支行成功退出了这笔潜在风险贷款。

风险经理在信贷风险管理过程中，必须认真进行分析、审查，对客户的经营状况、管理状况、发展前景等的第一还款来源以及担保措施等第二还款来源进行认真、深入的剖析，高度地驾驭执行银行相关的信贷政策、行业政策，提前发现、揭示风险，从而保障银行利益。

[反向案例1]

风险评估不当，银行损失

某年6月某分行经过多方营销，最终物色到一个有意向购买该行某广场的抵贷资产的买家，因此，风险经理杨经理向上级行申报降价处置该项抵贷资产，拍卖底价是745.52万元。

杨经理充分收集资料（包括收集市政规划、过户税费情况、拍照片），做好准备工作，并向上级行风险业务审查委员会的有关委员反复解释该资产的不利，如资产所处的地理位置不理想、位于内街、商业氛围很淡等，况且该市最新市政规划变更，该市市中心向东南方向发展，该行抵贷物业升值潜力差，而且保养较差，过户税费高，买家在成交后还需较大的装修成本才能投入使用。

但是，风险业务审查委员会的部分委员还是没有根据当地实际，仅强调当时国内房地产市场一直在上升，该抵贷资产价值也应该上涨，不同意按照745.52万元的价格实施拍卖处置，认为那样会损失过大。根据委员会的批复意见，杨经理只好再去物色其他机会，寻找更高的处置价格。但事与愿违，房地产市场由于国家宏观调控，在2007年下半年进入拐点，该抵贷资产一直无人问津，不断降价的情形下，在2008年6月最终以400万元的价格拍卖成交。处置晚了两年，处置的收入缩水近350万元，该银行的损失更大了。

[反向案例2]

"一刀切的伤痛"

几年前，某银行要求严格清退旧标识的流动资金贷款。凡是1999年之前发放的贷款标识是"借新还旧"或"还旧借新"的中小企业贷款必须清收或转化，以防范贷款风险。下级行风险经理接到通知后，只能严格执行上级行的相关管理要求，强制清收或转化全部的旧标识流动资金贷款。由于实行"一刀切"的防范措施，而没有实施长远及连贯性的规划政策，造成当时一大批经营较好、有发展潜力的中小企业对该银行的政策产生强烈的反感，从而导致后来该行提倡大力发展中小企业贷款时，已得不到客户的信任，客户资源流失严重，严重影响了该银行的业务开展。

具有风险驾驭意识是好事，但做任何事情或者下达制度政策时，应该考虑其长远的影响，在进行全面风险管理的时候要考虑具体的情况，灵活运用政策，提出切实可行的合理方法。

> 唯有忧患意识，才能长远生存。
>
> ——英特尔公司董事长兼CEO葛洛夫

二、如何提升"规范意识"软实力

名称	规范意识
定义	规范意识是指风险经理能够自觉地学习和认同银行的职业规范，自愿严格遵守银行的职业规范，包括经济、行政管理、业务技术、道德和法纪等各方面的行为规则。
重要性	风险经理是银行相关政策能够执行到位的有力审批者和监督者，对银行业务是否规范起着至关重要的作用。

名称	规范意识	
核心问题	1. 风险经理是否具有很强的程序和规范意识，是否严格要求自己及下属，减少工作失误。 2. 风险经理在日常工作中，是否遵守政策制度规定，是否要求高标准的工作质量。 3. 风险经理能否积极对信贷员等其他相关人员进行培训，提高他们的规范意识，追求零违规操作。	
等级	等级定义	行为表现
A – 1	基本遵守：在有监督的情况下能够遵守其职业规范。	基本了解国家经济金融政策、法律法规，银行风险管理基本政策制度，会计制度、财务制度。并在有监督的情况下能够执行和遵守这些政策制度。
A – 2	自觉遵守：能够自觉遵守相关的规范和准则。	基本了解国家经济金融政策、法律法规，银行风险管理基本政策制度等行为规则，并能自觉遵守这些制度。
A – 3	主动遵守：能随着有关法律和政策的变化而遵守相关的规范和准则。	能够不断关注国家经济金融政策和相关法律法规的变化，在相关的法律或政策出台后，能够及时按照新的职业道德标准要求自己。
A – 4	规范意识强：严格遵守职业规范，经常监督这些规则和规范的实施，并且熟悉在本行业形成的潜规则。	严格遵守职业道德规范和企业的规章制度，并能以身作则或培养下属的规范意识。能够及时地贯彻国家和银行的新政策，熟悉多种业务规范处理的经验或潜规则。
A – 5	规范的主导者：在银行内形成一种重视规范和规则的意识。	具有极强的规范意识，无论面对任何诱惑，都能严格遵守职业规范，维护银行的利益。能够深入对风险经理的行为准则进行思考，参与制定的内部准则具有很强的灵活性和可操作性，并适应银行的发展情况，甚至得到同行业广泛认可。

[正向案例1]

及时行动，制止公款私存

在某年的依法合规大检查中，风险经理吴经理所在的检查组接到了A支行一位自称是该支行内退女职工的举报电话，称该支行存在严重的公款私存问题。吴经理根据举报情况,立即组织检查人员通过调

阅该支行两年来的余额表、大额交易情况表、业务传票等资料，检查是否存在公款私存的问题。经过检查分析，吴经理发现该支行为完成当季储蓄存款任务，某年3月22～31日，要求××材料供应公司以工资、集资款名义支取现金1110万元，存入17个人的10个定期储蓄账户和11个活期储蓄账户。4月20～29日，上述定期储蓄账户和活期储蓄账户分批支取现金、销户，资金全部转回××材料供应公司的账户。

吴经理揭开了该支行采取弄虚作假的手段，违规吸收储蓄存款1110万元的真相。该支行受局部利益驱使，为了完成储蓄存款任务不惜集体弄虚作假，因为存款考核在综合考核中所占的比例较大，且与绩效工资挂钩，为保全员工个人经济利益和经营业绩考核，该支行受小集体利益驱使，作假欺瞒上级行。

银行是一个具有严格制度的机构，风险经理要保持规范的意识，确保银行的各项经营活动依法合规。吴经理通过揭示该问题，使支行全体员工意识到这种行为的危害性和存在的隐患，提高了合规经营的意识。

[正向案例2]

认真细致，及时规范

某年初，风险经理王经理所在的检查组对辖内某分行进行年终决算大检查，王经理担任该项目的主审人，负责集中采购方面的检查。该分行上年度网点装修项目共4个。王经理调阅该行上年度集中采购评审委员会会议纪要、装修费用指标审批书、招投标文件、网点装修费用支付申请表、施工图、结算书等资料，对该行的装修项目进行逐个检查。

王经理通过检查发现，该行营业部的营业厅实际装修改造情况与施工图、结算书不一致，工程款多计 11 万元。进一步检查发现，原来部分管理人员未能正确处理业务开拓与合规经营的关系，依法合规观念尚未真正牢固树立，对于违章违规操作仍存有侥幸心理，于是铤而走险多计工程款并挪用于其他方面。风险经理承担着内审外查的重要工作，要能够对银行经营活动中出现的各种不规范现象及时发现并纠正。

[正向案例 3]

有效规范贷款用途，避免风险

风险经理陆经理经监测发现某支行于 2007 年 11 月 30 日向 A 实业有限公司发放一笔小企业周转贷款，金额为 200 万元。该贷款资金于 2007 年 12 月 3 日、12 月 4 日分两笔以"往来款"的名义划至 B 投资有限公司，2007 年 12 月 5 日 B 投资有限公司又将该 200 万元资金以"往来款"的名义划至 C 房地产开发有限公司。风险经理翻查资料，资料显示，A 实业有限公司的经营范围为生产销售服装、鞋类、鞋材等，而该笔贷款的用途为流动资金周转，但贷款几经转折后流入了房地产开发公司。

陆经理监测发现问题后，立即给经办支行发出信贷业务核查通知书，并口头通知管户信贷员，要求其核查 A 实业有限公司与 B 投资有限公司、C 房地产开发有限公司之间的关系，并核查该笔贷款资金的真实用途。

经核实，A、B、C 3 家公司之间存在关联关系，贷款用途不合规，后来经支行与借款人沟通，200 万元贷款资金退回银行的放款账户，并按照借款合同的约定合理使用。风险经理在贷款资金用途监测分析过程中，对于系统反映的数据要多方位、多角度考虑，发现疑问及时与相关人员沟通，采取有效措施，确保银行贷款资金的安全。

[反向案例1]

调查审查工作不规范，银行受损

某企业为职工兴建集资楼，建房资金来源为职工集资一部分，企业垫资一部分，其余的由职工向某行申请按揭贷款解决。A银行向该企业职工发放了住房按揭贷款，贷款以各借款人的按揭住房为抵押物，并由企业提供连带责任保证担保。借款的借据、合同、抵押等资料齐全，借款和抵押事宜按照规定程序办理了公证和抵押登记手续，贷款按照借款人的授权划入了该企业的单位账户。

贷款发放后，借款人陆续在不同时间违约。违约期间，借款人多次以信访、上访的方式向当地市政府、市检察院、市纪律检查委员会和市信访局反映，称A银行与该企业恶意串通，以职工申请发放个人住房贷款的名义和方式，由A银行变相向该企业发放贷款，而职工是在企业的胁迫下，被迫以所购房改房抵押借款。

A银行为维护债权向法院起诉，但是法院受到政府因职工上访而带来的压力，最后法院牺牲了银行的利益，以安抚职工，最终A银行的债权未能得到实现，受偿仅10%。

风险经理在处理不良贷款时常常会发现，一些地方政府为了妥善处理企业职工问题往往会牺牲银行的利益，因此银行在审批审查业务的时候，要更加注重贷款发放程序的合规性、资料的完整性和真实性，否则将造成合同瑕疵，给最后的资产处置环节带来很多困难。

[反向案例2]

政策不理解，客户不满

某年初，某银行决定对存量的法人客户流动资金贷款实行分流改造，原在该行办理的"借新还旧"和"还旧借新"贷款全部取消，统一改造为营运资金贷款、周转限额贷款、临时贷款、法人账户透支等不同类别的贷款。该银行某存量客户的贷款抵押物充足，每年按照10%的压缩进度办理还旧借新的贷款。

该行风险经理张某以为原存量贷款只要符合原有的转贷条件，都可以用改造后的周转限额贷款办理流动资金贷款业务。于是，在压缩该企业10%的贷款后，沿用原有房地产抵押担保，其他贷款条件不变，张经理同意了其办理周转限额贷款的审查审批。

但在后来的贷后检查时才发现，办理该种类型的周转限额贷款，借款人的信用等级必须达到该银行评级的 A 级以上，而该企业在该银行的信用等级不符合此款条件。无奈之下，只得要求该企业筹集资金，全部归还了在该银行的贷款，因为这是属于违反规定放贷。该企业的实际经营情况正常，贷款抵押物充足，贷款的第一、第二还款来源都较有保障，但由于企业历史原因，报表评级达不到该银行政策制度要求的信用等级，办不了相应的信贷业务。客户对该银行放贷后马上又收贷的行为，也产生了不满。

商业银行要适时适应宏观经济、监管政策、国家法律法规等变化，因此制定的各项信贷政策变化也比较快，风险经理要对行内外的制度政策管理要求不断学习，准确理解掌握政策，合理运用方法，才能正确防控贷款风险，做好贷款审查工作。

管理就是把复杂的问题简单化，把混乱的事情规范化。

——美国通用电器公司总裁杰克·韦尔奇

第九章 如何提升商业银行风险经理认知软实力

本章提要 本章对"商业银行风险经理软实力模型"的认知软实力特征群进行了介绍。风险经理的认知软实力包括"分析判断"、"信息搜集"和"专业知识"等素质特征。对每一个软实力素质特征,本章提供了来自许多资深风险经理的成功或遗憾的经典行为事件,相信对读者具有很好的启发作用。

一、如何提升"分析判断"软实力

名称	分析判断	
定义	分析判断是指风险经理善于认清当前的形势,根据具体情况厘清事物之间的联系,及时发现可能存在风险的关键环节,能够对当前风险的形成与发展作出正确判断。	
核心问题	1. 风险经理是否具备足够的能力对各种材料进行分析总结。 2. 风险经理是否对新业务进行分析并有效识别其风险点。 3. 风险经理能否敏锐地察觉风险事件并及时进行有效管理。	
重要性	银行存在多种多样的经营风险,作为优秀的风险经理,必须具备丰富的从业经验,熟悉掌握一些定性或定量分析技术,对潜在的风险进行有效的预测与预控,对现存的风险进行分析并提出管理方案。	
等级	等级定义	行为表现
A–1	基本分析与判断:对常见问题进行分析与判断。	对于较为常见的业务风险问题,能够及时地进行分析并实施控制,作出的判断大多基于前例或现有的经验。
A–2	良好的分析判断能力:综合分析能力强,有自己的见解。	善于收集统筹多方面的信息,充分了解新生事物,能够有自己的见解,能够深入分析问题的各种特征,并作出判断;有一定的综合分析和预判能力,能够有重点地防范或者处理各种风险。

续表

等级	等级定义	行为表现
A－3	分析到位，判断准确：不拘泥于常规，逻辑清晰，见解独到。	具备丰富的从业经验，不拘泥于常规的分析方法，有自己独到的逻辑思维。能够很快认清和把握新事物的本质，即使是在很不确定的环境下，也能够很快厘清思路，准确地定位问题及作出判断。对各种风险的影响进行有效评估，从而优化利用银行资源，有重点地进行风险防范。
A－4	分析深入透彻，判断精确独到：逻辑思维强，知识丰富，眼光锐利，能够看到事物的本质。	具备丰富的专业知识与敏锐的眼光，对事物有独到见解，并能有理有据，力排众议；即使是在很不确定的环境下也能够根据表象与表面线索，对事物之间的深层联系作出合理推断；综合分析能力强，能够快速地从众多方案中找到最优方案。
A－5	卓越的分析推断能力：能够深入把握事物的发展轨迹，具有卓越的逻辑思维能力及独到的判断力。	具有卓越的逻辑思维能力以及心理分析能力，对于事物的本质能够把握得非常准确；具有卓越的推理能力，对风险的发展轨迹把握得一清二楚；即使是在很不确定的环境下，也总是能快速地找到风险的根源，并最快地制订最优解决方案。

[正向案例1]

合理评估，快速反应，赢得赞赏

A 公司是从事生产加工小麦的大型实体企业，生产的面粉品质优良并长期供货给徐福记、香港日清等实力较强的企业。A 公司的资金运作稳健，融资需求不大，因此某银行多次攻关营销客户的资产业务都未有突破。近期，A 公司主动登门造访该银行，提出公司欲整船进口小麦的经营思路，由于单笔进口额预计 1 200 万美元，小麦进口采购时机难得，需要该银行给予进口开证及后续进口押汇的融资需求，并要求在一周内对外开出进口信用证。业务部门立即沟通负责审查的风险经理，风险经理经过认真分析判断该业务的风险点和操作可行性，综合各方意见，迅速作出 3 个工作日内为 A 公司调增授信额度并开出信用证的服务承诺，以确保客户顺利签下大单。最终，经过各方的协同努力，该银行兑现了服务承诺，在限期内开出信用证，协助客户顺利采购了所需的原材料，赢得 A 公司的信任和赞赏。此后，A 公司的

结算业务逐步全部转移到该银行办理。

　　银企能够成功合作，不仅归功于业务部门平时留意客户的经营情况，对客户提出的需要迅速反应，更在于风险经理能够配合业务部门，在悉心听完该客户对国内小麦收购政策、面粉整体行业现状、进口小麦价格优势等诸多信息后，立即组织研讨该笔大宗交易的风险点和可行性，认真分析，在风险可控的情况下合理评估该业务的价值，最后敲定了操作流程和风险控制手段，并及时与经办部门、上级行沟通分析方案，业务最终顺利审批通过。

　　风险经理在日常工作中，应该具备过硬的分析判断能力，合理评估业务可行性和风险点，才能在控制风险的同时，助力前台业务部门"快、准、狠"地服务客户，获得客户的赞赏，从而更好地为银行创造价值。

[正向案例 2]

强化分析，准确判断，提高管理

　　某分行以往的正常管理类企业出现临时欠息的现象比较普遍，有部分信贷客户的还息工作总是拖到月底，致使该分行在上级行的定期通报中几次列入被批评名单之一。该分行曾有 20 户正常管理类欠息企业，欠息额高达 107 万元。

　　为了有效提高管理水平，负责收息管理工作的风险经理小何，召集辖内各支行和公司业务部的相关人员对上述 20 户正常管理类欠息企业进行分门别类，逐户逐笔分析，认真查找欠息原因，明确清收方案，有的放矢地开展清收攻坚战。经过认真分析判断，小何提出合理的处理方案，并把应收未收欠息企业的清收工作任务分解落实到管户的客户经理，逐一跟踪督办。最终，通过正常渠道成功收回 15 户企业金额约 92 万元的欠息，对通过正常渠道难以清收的 5 户贷款企业约 15 万元欠息，采取了诉讼保全措施。此后，新的临时欠息现象也得到了有效的遏制。

风险经理通过认真分析，准确判断企业出现欠息的方式和根源，并进一步采取有效的工作措施：对重点企业的资金进行监测，提前发出收息监测预警通知书；跟踪督办经办客户经理的管户工作，坚决遏制表内应收利息新增挂账；落实经办人在每月结息日前，狠抓贷款企业当月应付利息存入企业账户，以便系统晚间及时扣收；建立风险责任追究制度，明确应收利息清收第一责任人，对临时欠息的企业，责成经办人及时彻查原因并落实有效措施，为保证信贷业务的健康发展做了很好的预防部署。风险经理具备综合分析判断的能力，对遇到的困难进行清晰的工作梳理，才能迅速寻找解决方案。

[反向案例1]

判断有误，评估失真，酿成不良

某糖厂为一家国有企业，某年初，该企业在某银行有贷款 6 790 万元。其中流动资金贷款 6 250 万元，贷款用途为借新还旧；项目贷款 540 万元，贷款用途为改扩建年产 60 万册甜菜育苗纸筒生产线。根据该银行贷款四级分类，贷款全部为呆滞，五级分类全部为可疑。从担保方式上看，650 万元属于保证贷款，保证人为 A 公司，属于非关联企业互保；6 140 万元属于抵押贷款，抵押物为机械设备、房屋、土地使用权，已办理抵押登记。

分析该企业可疑类贷款的形成过程，可以发现，关键因素在于以下几点：一是银行在进行贷款投放时，忽视了自然环境对企业生产经营产生的巨大影响，贷款发放的近三年连续干旱，致使甜菜大量减产，严重影响了企业的生产经营，企业已存在发生重大变化的情况。贷款发放当年企业已亏损，使银行贷款失去还款来源。二是当地甜菜产量下降，同业之间竞争加剧。因企业赊欠农民的甜菜收购款，严重削减农民种菜的积极性，当地原材料甜菜种植面积减小，三年的自然灾害，甜菜出产量下降，加之县内两个糖厂竞价抢购甜菜，致使该企业甜菜收购价在同行

业为最高，造成企业经营成本增高，加大了亏损。三是随着我国加入世贸组织，国家为平抑国内糖价，大量进口白糖来降低我国的白糖价格，我国糖业市场受冲击较大，按该企业经营的成本测算，只要加工就会亏损。同时，企业的产品市场在逐年缩小，该企业经过几年的艰苦经营，生产资金已严重短缺，很难维持经营下去，处于破产边缘。无稳定的第一还款来源偿还银行的到期贷款，使银行的贷款逐渐形成不良。

可见，贷款审批的风险经理对单笔业务的分析判断、对风险的整体把控，会在一定程度上影响银行的资产质量安全。风险经理必须培养和提高自己的分析判断能力，才能对贷款作出合理的评估和审批意见。

[反向案例2]

客户识别需谨慎

在同业竞争激烈的年代，大客户的营销攻克能带动很多其他延伸业务的发展，对商业银行提升影响力和核心竞争力有较大的推动作用。G银行某分行为了提升自身业绩，专门制定了大客户的发展和管理策略，并要求中台、后台部门联动前台营销部门，协助争取当地的大客户，提高银行收益。

王少明是该银行的风险经理。经办行通过关系营销，极力争取了当地某大型百货集团。为了开发大客户管理方案，王经理在审批时满足了该百货集团的苛刻条件，向该客户提供了结算、刷卡等一揽子服务，并同意定时提供贷款额度，且减免相应的服务费用，甚至该银行还给百货集团免费安装了管理系统。

该客户被G银行的真诚和优惠条件所吸引，便开始建立长期的合作关系。在合作期内，该客户的交易量很大，银行得到一些收益，但是由于银行付出的服务透支，造成银行成本居高不下，因此银行实际综合收益并不高，甚至对于付出的高成本服务有些吃不消。因此，并不是所有的大客户都值得争取，客户的识别需要谨慎，风险经理在判断一宗业务的盈亏平衡时，要进行充分分析，综合考虑，保持银行应有的利益底线。

> 经营企业时的判断不可能全然正确，准确率才是重点所在。
>
> ——宫内义彦（欧力士公司总经理）

二、如何提升"信息搜集"软实力

名称	信息搜集	
定义	信息搜集是指风险经理能够从各种纷繁复杂、不断更新的信息中获取所需的信息，有效地进行处理，从而帮助银行更好地规避风险，管理风险。	
核心问题	1. 风险经理能否正确认识到信息的重要性，并主动地、有效率地搜集信息。 2. 风险经理能否从多方面收集信息，建立自身的信息收集渠道。 3. 风险经理是否具备信息敏感性，从纷繁复杂的信息中获取有效的，自身需要的信息。	
重要性	在信息爆炸的今天，信息就是一把"双刃剑"。风险经理必须懂得如何利用信息，既要避免信息过载带来的沉重压力，也不可逃避信息，而应该有重点、有效率地从信息中发现可能存在的银行风险。总之，有效地收集信息，扬长避短，方能有效、及时地发现各种风险并制订有效方案。	
等级	等级定义	行为表现
A-1	信息收集传统化：信息收集方法简单，渠道狭窄。	一般通过报纸、刊物等最基本、最传统的途径搜集信息，信息渠道狭窄；对信息的敏感度不高，对与银行业务有关的信息认识较为表面。
A-2	信息收集多面化：多渠道收集信息，具备一定的信息敏感性。	能够认识到信息的重要性，善于通过各种途径，包括网络、报刊、书籍等多方面收集信息；也利用建立的人际关系网搜集信息；不仅注意到银行业的信息，而且视野宽广，能够注意到整个产业环境甚至国家经济的发展状况，并能综合运用。
A-3	信息收集高效化：系统化地搜集、总结信息，信息敏感度较高。	不局限于传统的信息收集方式，善于通过多渠道、多种方式搜集信息，并且对信息能够进行有效的整理；对所搜集的信息有个总体的了解，在需要的时候能够迅速找到自己需要的信息，并且能够综合起来灵活运用。同时也注重在行内建立信息网，通过与同事互相分享来获得更多的有用信息。

续表

等级	等级定义	行为表现
A–4	信息收集技能化：能够把信息搜寻看做一种技术，甚至是一门艺术。	信息收集已经成为一种习惯，善于借助和维护各种渠道和途径来获取想要的信息；为了准确地得到信息，风险经理的信息获取通常具有目的性和计划性；能够把信息搜集和信息处理能力当做一种重要的能力和技术来看待，时刻保持信息敏感性，并且在银行内重视对成员信息搜集能力的培养。
A–5	信息收集专业化：不断学习信息管理技术，建立规范的信息管理系统。	结合银行的战略及行业的发展，注意将收集的信息运用于业务管理等多方面。推动在银行内部形成了有体系的持续不断的信息库；能够不断地丰富充实信息库，以便同事下属能够提取其中的有用信息并形成及时的信息决策；平时重视成员对信息的搜集和信息的积累，保持团队的信息敏感性，绝不允许因信息泄露或滞后而造成风险事件。

[正向案例1]

锲而不舍，融化"不良"冰山

X公司多年来拖欠某银行贷款为7 535万元，利息8 000多万元，该笔贷款是X公司在21世纪初承接Y公司转制而来的债务。贷款在承接前、承接后，企业均拖欠该银行贷款利息，该银行多年来不断采取各种催收办法追收贷款本息。由于X公司及借款保证人逐年抽逃资金、蓄意逃废银行债务，多年来该银行只压缩了少量本金和收回部分利息，不良贷款一直未得到彻底的处置。X公司的贷款由此成为长期压在该银行信贷资产质量上的一座大冰山。

某年初，该银行要求接管X公司不良贷款的风险管理中心必须落实制订切实可行的处置预案，消化这座大冰山。风险经理谷经理多次和项目人员一起针对借款人和保证人的经营情况、还贷意愿、法人家庭状况等情况进行调查，搜集有用的信息，分析和研究各种处置方式的可行性和最大效益。在得出初步结论的基础上，贷款人、借款人、保证人三方就采取减免息的还款方式、分段的还款方式等进行多轮艰苦的谈判。同时，风险部门利用上级行的信息资源共享渠道，上下联动，定时和不定时地对借款人和保证人进行走访或者电话催收，及时跟进最新的情况和信息，后来贷款担保人承诺按银行要求一年内代借款人还清所有贷款本金。该银行的行领导也亲自挂帅，最终该笔贷款的收贷工作有了立竿见影的效果。该银行在当年9月、12月共收回贷款3 760万元，剩余贷款分别于次年3月、6月、7月全部清收完毕。

银行发放贷款必须首先树立风险观念，贷前的信息搜集和调查工作必须做到细致、认真，风险经理更要密切注意市场的变化，多收集企业信息，及时化解风险。同时，处置不良贷款要有韧性，灵活运用各种处置方式，处置不良贷款要坚持效益最大化，尽量减少银行损失。

[正向案例2]

多渠道收集资料，成功申报呆账核销

Y银行风险部门管辖的A公司为一家老国营企业，属于不良贷款户，已停止经营，无有效资产，银行多年催收，但是贷款本金分文未收回。同时，A公司被有债权的另外两家银行起诉，均因无可执行财产而被法院裁定中止执行。企业丧失第一和第二还款来源，若Y银行再对A公司进行诉讼，结果将会和另外两家银行一样。

经过多方面了解情况后，Y银行负责清收该户贷款的风险经理杨经理认为，A公司贷款符合呆账核销条件，拟通过借用他行法律文件作为申报要件，按"诉讼中止类"组织材料申报呆账核销。杨经理决定采用分工合作的方式尽快实施方案，一方面安排同事在办公室尽快准备、整理原始材料，另一方面杨经理负责与另外两家银行沟通，通过各种社会关系和资源，向他们耐心解释，消除疑虑，争取得到对方的支持，尽快收集申报要件。虽然过程艰难，要收集的信息很多，但经过努力，得到对方支持，取得相关材料，顺利完成申报材料的整理上报。杨经理及团队上报的申请最终得到Y银行的总行、省行审批同意，该笔贷款及时进行了账务处理并按相关规定对该户企业做好账消案存工作。

风险经理能够充分利用社会上的各种资源，收集辖内企业的相关信息，往往能对日常工作起到事半功倍的作用。

[正向案例3]

险中有机，提高效益

　　某银行在某年8月30日向A公司发放了一般的小企业贷款2 000万元。风险经理李经理随后对该客户进行资金流的监测，发现客户在当年8月30日至次年3月11日期间，无经营性的资金回笼该银行，这样，银行的贷款本金保障度是很低的，但李经理并未发现该客户有欠息等不良现象发生。

　　风险经理李经理于是向经办的支行发出信贷业务预警通知书，并口头通知经办信贷员，要求核实借款人的经营状况及销售收入情况，并要求借款人增加经营性资金回行量。相关人员调查发现，借款人无经营性资金流入该银行的主要原因，一是该企业的经营地距离银行网点较远，且需经过一个公路收费站，企业到该银行办理业务成本较高，因此企业选择距离较近的另外一家银行办理日常的结算业务，其本币、外币的结算大部分集中在他行办理；二是企业属于两头在外的企业，其货款和原材料款均是在境外结算，而国内的工厂只作为一个生产基地，企业每月只是将员工工资、各项税费、水电费、日常开支及部分零星费用汇入国内，自身的资金回笼较少。

　　在深入搜集企业的相关信息后，风险经理针对该客户的贷款潜在风险，主动提议经办行可以充分利用银行金融产品，为该客户办理企业网上银行、代发工资业务，为其员工办理电话银行，营销其境外公司在该银行开立NRA账户，在促进贸易投资便利化的同时有效地防范金融风险，以方便银行掌握其资金使用情况，同时还能增加银行的中间业务收入。最后，风险经理的提议得到采纳。随后，该企业次年上半年的经营性资金回笼大幅增加，贷款本金保障度高。同时又开拓了新业务，提高了企业对银行的综合贡献。风险经理的工作不仅可以发现问题，以采取措施防范和化解风险，还可以在工作中积极搜集信息，发现机会，促进银行业务的发展。

[反向案例]

信息滞后，思维僵化

A公司向某银行申请贷款，抵押物为房地产。该房地产所处地段不是较好的位置，但该客户在该银行有很多外汇业务。风险经理在审批时，清楚由于借款人提供的抵押物所处的位置不是较好，变现价值有一定的难度，但鉴于该客户在银行的结算业务贡献情况，于是按照平时操作的风险防范措施，追加A公司股东的个人连带责任担保作为辅助担保。

事实上，只要通过第三方机构等搜集企业信息，可以发现，该公司属于民营企业，受到外界环境的影响比较大，早就隐约存在一些经营问题，且股东实力并不是很强。最后，该贷款未能及时清偿，银行处置抵押物房地产的价值不足以清偿银行的贷款，追索股东的保证责任，最后艰辛地通过查获股东存款，勉强偿还贷款。

风险经理对风险的掌握不应停留于"纸上谈兵"，因为每一个案例都有它的特殊性，要深入地多方搜集信息才能揭开隐藏在表面之下的风险，如果都简单机械化地按照一般的方式去设定审批方案，则可能造成思维僵化，难以准确保证银行贷款的安全。

> 我了解许多同类公司的信息，我知道它们会怎么发展和遇到什么样的困难，所以我会获得利润。
>
> ——比尔·盖茨（微软创始人）

三、如何提升"专业知识"软实力

名称	专业知识
定义	专业知识是指风险经理具有从事金融行业风险管理及资产组合管理等活动过程中所需要的金融学、管理经济学、风险学、法学等方面的专业知识，并在新产品的推广销售工作、客户的开发及维系过程中能够提前做好各种风险防范措施的能力，同时也包括适时对客户经理进行业务规范培训的能力。

续表

名称	专业知识	
核心问题	1. 风险经理能否承担行业风险、信贷风险、操作风险等各种风险的研究工作。 2. 风险经理能否以专业的角度协助客户经理甄别优质的客户，提出针对性的风险防范方案。 3. 风险经理是否对业务有深入了解和研究，有效甄别新业务可能存在的风险点并制订有效的风险防范方案。	
重要性	对于风险经理来说，专业知识是极为重要的。风险经理最重要的能力之一是熟悉了解各种金融风险，在对金融产品和产品相关的操作有着非常深入的认识和了解的前提下，才能在变化极快的行业环境下进行有效的分析，作出专业的判断。专业知识也是风险经理提升自我的基础，只有专业知识扎实，风险经理才能够更好地了解新事物，学习更多的新知识，培养自身的学习能力。	
等级	等级定义	行为表现
A-1	基本具备：具有比较系统的金融学及风险学专业知识。	风险经理了解金融业的基本知识及风险管理的基本知识，能运用这些知识分析可能存在的业务风险；拥有一定的银行风险管理工作经验，能对一般风险事件进行有效的处理。
A-2	知识扎实：拥有扎实的专业知识和丰富的风险管理经验。	风险经理掌握扎实的金融学、经济学、风险管理学等学科知识，并善于在银行工作实践中进行灵活运用；经常通过各种渠道了解与金融产品相关的信息，善于运用自己的专业知识分析业务存在的风险点；受益于较为丰富的银行从业经验，有较强的金融产品相关操作规范意识，能为前台营销部门提供中台、后台的协作与支持。
A-3	与时俱进：能够以发展的眼光看待知识的发展。	风险经理具有丰富而完整的知识体系，并能密切关注金融风险管理领域的发展，不断地总结国外或者行业先进风险管理经验；敢于接受新挑战，乐于学习，在实践过程中不断进行自我总结，加深自身对信贷风险、流动风险等银行常见风险的理解，在实践中不断提高自身管理风险的知识水平。
A-4	团队分享：能够将知识和经验拓展，与团队成员分享自己的知识和经验。	风险经理能够深刻认识到团队知识管理的重要性，乐于和其他成员分享、交流其业务知识和工作经验，促进形成一个知识分享与整合的机制；能用自己的业务知识和经验让其他成员得到工作启发，推动他人工作的开展；也虚心向其他同事学习，不断提高自身的技能。能灵活运用不同手段来管理各种风险，善于运用团队的力量来完成新任务、新挑战。
A-5	知识体系化：知识系统化，经验理论化，建立知识管理体系。	风险经理有着强烈的学习意识，本着学以致用的心态不断地增强专业知识；不局限于银行业知识的学习，注重拓宽其知识面；能够及时总结日常工作中的经验，并且将其经验理论化以便于与同事或下属分享；能够积极开展专业知识的培训工作和交流活动，帮助其他成员提高业务知识水平和积累处理业务经验。善于从多方面获取知识，促进团队知识分享并进行知识整合深化，建立一个完善的知识管理体系。

[正向案例1]

以专业换"砖头"（抵押物），彰显服务

X企业是一家专业外贸公司，成立于2004年，注册资本500万元，主管煤炭销售业务，主要是从越南进口煤炭销售给广东省内的电厂。X是一家小企业，财务状况一般，在A银行开立了企业基本账户和一般的美元、港元账户，所有结算业务都在A银行办理，货款回笼在A银行的量比较充裕。X企业的经营贸易链条也很简单清晰，从越南采购煤炭直接销售给广东省的电厂，该公司对银行的融资需求也紧密围绕这条贸易链，具体业务需求包括进口开立信用证、进口押汇、国内发票融资等。但是X企业的财务状况很一般，经过A银行的评级系统分析，企业只能达到A+信用等级（不属于优良级别），按照企业这个状况申请的业务，要求企业至少提供50%的保证金，该企业没有满足银行条件的可抵押担保物，且自有资金较少，无法接受这样的贷款条件。

但是，当大家都觉得这单生意无法深入开展时，审批风险经理李经理明白，银行没有做不了的业务，只有控不住的风险。经过认真分析企业的贸易状况，综合分析企业生产经营活动中的资金流、物流、单据流情况，风险经理李经理认为X企业可以灵活套用该银行新制定的一个信贷优惠政策，让X企业享受贸易融资重点客户的各种优惠条件，同时为了防范风险，做好企业物流、资金流、单据流的封闭式管理和监测。随后，A银行经办人员按照风险经理的提议，给X企业提供了一份满意的授信服务方案，得到企业负责人的赞同和满意。此后，客户还在该银行购买了累计超过1亿元的法人理财产品，并从境外转入一些外币存款支持该银行的业务发展，银企获得"双赢"的效果。

风险经理需具备过强、过硬的专业知识，懂得法律法规和银行的各项政策制度，在防范各类信用、操作风险的同时，促成业务发展，只有具备了丰富的知识，才能为企业做专业的服务。

[正向案例2]

专业分析，退出风险客户

　　某银行辖内的信贷客户A公司主要从事空白光碟（盘）生产，母公司在境外，原材料及产成品均通过母公司进行，属于典型的"两头在外"企业，在该银行办理过出口发票融资业务。近期，风险经理桌经理在审查企业融资业务中，发现企业的资金流量极少。经过了解，企业除了定期留存一些必要的资金作为借款人租金、水电、工资等运营基本开支外，绝大部分资金均由母公司控制，这类企业实际控制人在境外，厂房是租赁，加上经营资金流量不多，作为融资银行的风险经理桌经理凭借自己的专业眼光判断，认为可监管与控制的风险措施几乎空白，融资的风险相当大。

　　同时，上级行在那段时间也向辖内全部分行发出了对"两头在外"企业的融资预警，桌经理敏锐的专业触觉告诉他，此类企业的发展路径不太景气。于是桌经理及时将相关的审查意见传达到各级营销、审查、审批部门，并取得共识，认为应该停止给予A公司新增融资，而且到期贷款只收不放，逐步退出潜在风险客户。由于市场发生变化，公司自有资金不足，后来该企业因多期拖欠厂房出租方租金而被起诉，结算账户被冻结，企业停产。

　　企业的经营时刻在发生变化，风险经理应该具备专业知识，对融资风险管理动态跟进，对待客户的审批有进有出，如果经过专业分析认定存在风险的客户，要把握好退出的时机，果断退出。

[正向案例3]

合理设计，助力业务发展

　　X企业是Y银行成功营销并办理了较大金额信贷业务的民营企业，以厂房作抵押担保。第二年，该企业以另一抵押物向Y银行申请增加融资额度，按照测算企业申请的增贷额度合理，但提供的抵押物是一所住宅小区大门的第二层商铺，该第二层商铺的出入楼梯口位于第一层商铺的较深位置，但是企业不能提供第一层商铺的抵押。如果无第一层商铺的抵押，仅第二层商铺的价值将大打折扣。负责评估的风险经理认为经办行对第二层商铺的内部评估价值偏高，于是与经办行进行协商，考虑到第一次办理的贷款采用分期还款的方式，融资抵押物已释放了部分担保额度，故要求经办行应合理评估本次融资抵押物的价值，不因第二次办理业务而放低门槛，同时考虑到企业虽不能提供第一层商铺的抵押，但是为了提高第二层商铺的效用，要求经办行追加 X 企业提供第一层商铺的产权人的保证担保责任。

最后经过数次沟通协调，X 企业同意了 Y 银行的审批意见。Y 银行在不丢失市场份额的同时，很好地防范银行风险，维护了银行利益。风险经理不仅应该具备专业知识，还应在平日注意积累各方面的知识，提升业务技能和综合素质，在协助基层行寻找解决问题的方法时，找准业务的底线，迂回地处理问题。

[反向案例 1]

不够专业，容易出错

为了提高风险管理，Y 银行某省分行决定对辖内大额的项目贷款进行业务排查，主要针对业务办理的合规性进行检查。在检查某市分行时发现，一笔金额上亿元的电路板项目的贷款业务，在没有满足授信管理审批要求的情况下便发放了贷款，构成业务不合规，违反了该银行内部管理文件的要求。

经过深入排查发现，该笔业务的审批书要求不仅需要办妥合法、有效的抵押担保手续，还需落实借款人全部股东及其关联企业 A、B、C 的连带责任保证担保。但是，由于该笔项目贷款的金额较大，各部门都很重视，因此放贷中心的风险经理周经理在审核该笔业务的放款

资料时，认为那么多人都看过了，以为不会出什么乱子，而且当时时间相对紧迫，只是简单地审核了抵押合同、保证合同、贷款合同等资料是否齐全和完整，而没有要求业务经办人提供查询 A、B、C 企业最新的机读档案，以确认保证合同上的签名的真实性和有效性，便同意发放了贷款。完整的保证合同是否有效的前提是，签名人是否是所有权人，这要求根据其公司章程的规定，由企业最高权力机构出具同意为借款人提供连带责任保证的书面决议，并由股东签名通过同意。

虽然该笔项目贷款没有出现不良，事后也及时整改并补充了相关资料归档入库，但是风险经理周经理还是受到了领导的批评。风险经理既要为银行防控操作风险，办理的业务又要经得起内审外查，因此必须具备相关的专业知识和专业精神，不能轻易受到环境的影响。

[反向案例 2]

专业知识需要持续不断地学习

近段时间，在持续的银行信贷紧缩、融资成本增高等诸多经济因素的影响下，华南、江浙等部分地区频繁爆出因民间借贷资金链断裂，企业正常生产经营无法维系的情况。风险经理需要严把风险关口，实现银行调整优化贷款投向结构，要优先选择那些受经济景气波动影响相对较小、现金流量比较均衡的稳定的消费行业，果断退出那些低附加值、劳动密集型、高污染、高能耗行业。

负责信贷审批的风险经理朱经理每天都会接到各种繁杂的业务和信贷员打来的业务咨询电话，而朱经理由于日常琐碎工作较多，下班后又很少主动了解银行内部的信贷准入政策的变化、银行外部的经济形势、监管要求的变化，因此被越来越复杂多变的业务搞得头昏脑涨。他在工作中常被信贷员的咨询问题难倒，朱经理每次都只好把电话转给同事接听帮助解决，而自己只能在旁边听着。显然，朱经理这样的工作状况久而久之必然会引起其他同事和领导的关注，也会影响朱经理的职业生涯。

作为银行风险经理，识别、控制和监测风险是他们的根本工作，因此专业的技术知识是工作立足的关键，随着国家经济形势的变化，银行业务的变化也会很大。如果风险经理没有专业知识，不能及时揭示业务、管理等的风险，那么这个风险经理是不称职的。

大部分人都不能发挥所学，所知道的可能是所用的好几倍；大部分人都无法把自己拥有的各种知识加以整合，因而不能把它用在实务工作上。

——管理大师彼得·德鲁克

下篇

商业银行风险经理软实力标准的应用

第十章　个人篇：榜样引领，提升绩效

本章提要　具备良好的软实力是提升风险经理绩效的基石。本章以提高风险经理的软实力水平为宗旨，基于"商业银行风险经理软实力模型"，精心选取了一些成功的风险经理的成长案例，给读者一个更加真切的软实力自我提升体验，助力提升绩效，创造辉煌。

[案例一]　深化运营改革，为银行发展保驾护航
——某商业银行风险经理赵某的成长经历

2012 年，是 A 分行在巨大的挑战面前，自强不息、攻坚克难、促进转型发展的一年。伴随着"加快流程优化、深化运营改革、巩固管理基础"的运营发展主线，赵某不断历练成长，扎实工作，以高度的责任感，积极践行"四大杠杆"、"四大理念"，不断提升自身的业务素质和管理能力，为运行管理工作的发展付出了自己应有的努力。

全力推进运营改革，业务处理流程不断优化

继 2011 年完成大部分对公非现金业务集中处理后，2012 年，A 分行继续推进业务集中处理改革向纵深发展，陆续在业务集中处理平台投产了银企互联落地指令处理、单位结算账户开立、单位客户信息采集、信用卡申请等 17 个项目，并完成了外汇汇款、个人客户信息补录等项目的全辖推广，大大缓解了前台的业务处理压力。与此同时，A 分行也积极探索，承担了借记卡换卡不换号、灵通快线理财协议签订等五个项目的试点工作，并圆满完成了试点任务。按照"制度优先"的原则，结合业务集中项目推广安排，赵某组织

印发了数十份业务操作指引，规范了业务集中处理的操作，优化了业务处理流程，提升了业务处理的质量和效率。随着业务的推广，业务集中处理平台的处理能力逐步提升，网点业务处理的规范化水平不断加强。

2012年，A分行继续深化远程授权改革。除第一时间将新设网点纳入远程授权范围外，还逐步扩大已集中网点的终端覆盖区域，不断提升远程授权覆盖率，降低网点两种授权模式的管理难度。通过加强对授权中心的业务指导，及时解决远程授权过程中出现的问题，进一步提升了远程授权的效率。目前，远程授权中心的人日均业务量超过600笔，授权质量保持在较稳定的水平。

在推进运营改革的过程中，赵某坚持对每个投产项目都进行了解和评估，全方位地考虑各项流程变化可能带来的影响。对业务流程明确且变动不会降低运行效率的项目，加速推进，让网点及早感受到流程优化的成果；对变动可能影响业务处理时效的项目或流程，审慎投产，尽可能减少流程变动对业务的负面影响。

大力推广支付密码，风险防控能力稳步提升

由于种种原因，一直以来，支付密码推广都是分行运行管理专业的"软肋"，截至2011年年末，A分行支付密码的使用账户仅236户，仅占账户总量的1.5‰，位列总行通报的最末一位。为彻底摆脱分行支付密码推广的落后局面，在主管行长和部门班子的大力支持下，赵某与部内同事一道，根据推广涉及的资源变化情况，先后下发了两份《支付密码推广方案》，组织了多场动员会和业务培训，多次到支行进行调研和督导，逐步消除了支行推广支付密码的顾虑。针对推广初期存在的问题，组织推广团队进行认真研究和分析，及时给出解决的方案，做好支付密码推广的制度和系统保障。同时，协调支付密码器的厂商，做好支付密码推广的营销培训、服务支持和货源准备，有力地促进了支付密码推广工作的展开。到2012年年末，A分行支付密码推广率达到80.66%，达到年初预定目标。其中，使用支付密码器的账户数达到93 189户，占账户总量的54.53%，支付密码器推广率在总行排名前进了13位。从第二季度起，平均每月支付密码器销售量超过10 000台，实现支付密码推广的跨越式发展，支付密码器推广率位列广州四大行之首，对提升A分

行的风险防控水平发挥着积极作用。

着力完善系统管理，业务保障水平逐步增强

2012 年，A 分行顺利完成了主机系统各版本的投产和推广，顺利完成了年终结算系统运行的各项组织安排，全年系统运行基本平稳。在组织系统或项目投产的过程中，赵某充分了解了系统投产的状况以及可能出现的问题，及时与同事商议解决方案，并适时下发相关的系统管理制度，提升系统管理的规范化水平。针对业务集中处理平台管理制度缺位的情况，下发了《业务集中处理平台管理实施细则》，规范了业务集中处理平台的应用，明确了相关部门的管理职责，统一了网点业务处理的标准和要求；根据网点业务分布和业务集中处理平台运行的特点，下发了《关于下发业务集中处理平台受理时间及理顺部分业务处理流程的通知》，帮助网点合理安排业务上送平台时间，提升了平台的处理效率，最大限度地发挥平台的运营效能；针对网点存在的两套人马、两套系统处理业务的情况，下发了《关于加强业务集中处理平台管理的通知》，明确了应提交平台处理业务所对应的主机交易，方便支行对网点的督导，不断完善项目推广工作机制。为提高网点的业务应急处理能力，检验了 A 分行系统的应急反应能力。年内，还组织网点参加了总行、省行的多次灾备及应急演练，使网点业务人员和系统均得到了锻炼。

在系统日常管理方面，赵某加强了本外币支付系统查询查复业务的管理，通过下发操作指引、每日专人跟踪、定期通报、专题培训等方式，督促支行及时关注系统中的查询查复信息，不断提高网点支付系统的应用水平，提升客户服务质量。

逐步规范数据标准，运行基础管理得到提升

2012 年，由于部内职能分工调整，赵某负责参数、数据变更、主机调账等管理工作。面对不太熟悉的管理内容，赵某加强自身的学习，提高自己的管理和审批水平。对于工作中的疑问，赵某虚心向同事请教，降低错误审批的差错。配合总行对外公布新的统一收费标准，完成了 A 分行收费参数调整的紧急工作，并积极配合业务管理部门，对出现的收费问题进行查找，保障了收费工作的顺利进行；完成统一核算标准的账户规范和清理，不断完善了

内部账户的管理。针对会计科目调整中支行申报存在的差错率高、客户分类不明确等情况，赵某与业务组的同事商议，增加了事中审核环节，并将集中审批后出现的由于客户分类选择错误而造成的会计科目错误情况反馈给业务处理中心，争取从源头上减少错误的产生。

牢固树立全局意识，运行管理思路不断拓宽

过去的一年，作为总行运行管理专家组的成员，赵某树立大局观念，投入到业务集中处理、行内资金汇划清算系统重构、运营管理平台重构、账户管理系统及协议管理系统构建、个金流程优化等项目制度、方案的研讨和编写工作中去，获得了总行的好评。随着业务流程综合改革工作的不断推进，运行管理专业的涉及半径逐渐扩大，从以前单纯的对公业务管理，扩展到个人金融、结算、个贷、国际等领域。赵某珍惜每一次与总行、兄弟行交流的机会，了解专业发展方向，拓宽专业视野，厘清管理思路，汲取他行的先进经验，同时，也使自己得到了充分的锻炼和成长。

［案例二］　又一个全年无重大差错事故发生
——某商业银行运管行长李某的成长经历

2012 年李某在 G 支行担任副行长一职，主要分管支行的运行管理部、综合管理部、工会等工作。2012 年以来，李某认真贯彻落实营业部的各项工作重点，在支行班子及广大员工的大力支持和帮助下，以科学发展观为指导，坚持廉洁自律，不断加强党性修养，增强全局观念和大局意识，全力以赴抓好支行运营、内控、服务和员工等工作，努力克服种种困难，不断强化支行内控案防风险环节的管理，严格规范网点服务工作，切实把制定的每一项工作落到实处。

全面推进运行管理流程改革，不断完善远程授权工作和业务集中平台工作的推广运用。通过不断规范柜员远程授权和业务集中处理的相关操作，积极组织柜员学习，使柜员熟练掌握业务操作流程，注重流程和风险控制环节，做到时刻关注柜员流程规范化处理的过程，确保业务的真实性、合规性和完整性。2012 年，支行远程授权和业务集中处理平台通过率均达营业部要求。

　　根据营业部运行管理工作重点，提出了 2012 年支行运行管理专业的努力目标和方向。针对每季度的考核情况，及时总结和分析支行运行管理中存在的问题，调整支行运行管理专业的工作重点——严防发生"十大禁令"等重大违规行为、加强支付密码器的推广、提高银企对账率、提高 ATM 运行工作效率、合理控制现金库存额、降低反交易差错率等。2012 年，经过全体员工的共同努力，支行在营业部运行管理专业各季度考核始终保持营业部前五名，在年度综合考核中名列前茅。

　　根据营业部《2012 年关于开展支付密码推广活动的通知》要求，支行一方面加强内部宣传教育，提高员工对风险防范的意识，深入理解支付密码器的推广意义，提高员工向客户进行宣传推介的自觉性，另一方面及时制订《支付密码器推广劳动竞赛》，提高员工推广支付密码器的积极性，在辖内形成了你追我赶的营销局面。2012 年年末，支行在营业部支付密码器完成率排在营业部前列。

　　为进一步提升支行的运行管理质量，2012 年年初制定了《广州工业支行运行核算质量考核方案（试行）》，有效提升一线员工规范操作的自觉性，减少风险事件及违规行为的发生，全年风险暴露水平大幅下降，从 2011 年排名后五名，前进到 2012 年的第 13 名。

　　督导运行管理部，切实加强对网点运行管理工作的帮扶和督导，在日常工作中要求检查员多关注、多提醒网点情况，注重对网点的帮扶。同时注意现场检查和非现场检查相结合，全面细致地对员工执行制度的情况进行检查，发现问题，及时分析，制定措施，整改到位，坚决杜绝案件和重大差错事故的发生。

　　进一步加强支行的案防工作力度，通过每月召开内控分析会、开展员工职业道德教育等主题活动，落实好案件防范工作的长效机制，支行运行管理部根据营业部《2012 年案件防范工作计划》通知要求，抓好银企对账、U 盾申领、定期存款提前支取、企业开户、印章管理、查阅下载保管客户信息等重要风险点的防控工作，增强员工案件防范意识和廉洁自律意识，确保全年无案件事故发生。

　　采取多种培训方式，提高员工业务处理能力和服务水平。通过每月业务主管会议、柜员业务培训班、新员工培训班，加强对业务主管、一线柜员的

业务培训，并在日常工作中，注意对新业务的操作和要求及时下发指导意见和工作提醒，帮助网点提高工作效率。

加强反洗钱内控制度建设，大力推进客户信息维护和风险分类工作，强化反洗钱宣传培训，全面提高反洗钱工作的管理水平。一是加强客户信息维护工作，全面提高客户信息的完整率和真实性。二是定期组织全行员工进行反洗钱法律、法规和内控制度等业务知识培训，促进全行员工增强防范洗钱的风险意识，自觉履行法律所赋予的反洗钱义务。

针对营销部门职场营销较多的特点，要求运管、综管、科技人员等全力配合网点职场营销的工作，特别是做好职场营销的机具、系统设置工作，确保职场营销工作的顺利开展。

经过大家的努力，支行实现了年初制订的确保全年无重大差错事故发生、各项业务质量有效提高、运行专业考核保持营业部先进水平的目标。

［案例三］通过信贷"巡回医疗、专家门诊"全力打造信贷合规行
——某商业银行信贷管理部经理魏某的成长经历

魏某为国内某商业银行信贷管理部经理，在严峻复杂的国内外经济金融环境下，魏某带领的信贷管理部积极贯彻总行、省行及分行年度行长工作会议及信贷工作会议的有关精神，坚持"四大标杆"和"四大理念"，牢牢抓住依法合规经营、资产质量以及经营转型三条主线，在加强信贷合规管理、全力防控信贷风险、确保业务正常运行的同时，大力推进信贷结构调整，积极支持和服务支行、前台部门拓展优质信贷业务市场。魏某作为信贷管理部的一员，着力于"服务"与"管理"两大主题，协助总经理开展分行信贷结构调整调研和省行"巡回医疗、专家门诊"活动，组织对个人贷款业务和贸易融资业务的制度与管理支持，推进地方政府融资平台贷款的整改压降和退出，实施资产管理系统的维护以及系统信息的管理、监测等工作，并认真履行专职信贷审议委员的工作职责。魏某为所在银行作出了巨大贡献。

服务与管理并重，促进个人贷款业务稳健发展

及时传导贯彻总行政策，细化管理制度。魏某年内组织转发了总行多项

指导性政策文件以及多个新业务品种的管理办法，针对每条政策调整和每个新产品逐一提出分行细化的管理要求，着力推动和发展收益稳健、市场需求大、风险可控的个人贷款业务品种。同时，根据总行下发的有关管理办法，先后组织制定了多个个人贷款的管理细则，进一步规范业务操作。

推动实施个人客户综合授信管理。魏某转发总行《个人客户综合授信管理办法（试行）》，落实个人客户统一综合授信管理要求，规范控制个人客户融资风险总量，并及时向总行反馈操作中发现的问题，在增加业务风险掌控手段的同时，满足优质客户的融资需求。

加强对个人贷款新产品和新政策的指导和培训。总行年内陆续制订或修订了个人留学贷款、个人助业贷款、个人家居消费贷款、个人文化消费贷款、个人质押贷款等5个个贷业务品种的管理办法。为使支行个贷从业人员尽快熟悉和掌握个贷新产品，更好地发挥新产品在营销推广和市场竞争中的作用，使之在最短的时间内成为业务新的增长点，推动个贷业务快速健康发展，魏某带领的信贷管理部为各支行、网点及分行相关部室的个贷从业人员举办了个人信贷业务新产品制度视频培训，介绍了近年来总行个贷业务产品体系的变化情况，对5个新产品制度的重点内容逐一进行讲解，重点介绍了产品的适用范围、特点亮点、特殊管理要求等内容，使前台、中台、后台从业人员对新产品有了较为系统全面的了解，有助于各支行有针对性地开展业务，为个贷业务的快速、健康发展提供支持。

同时，为方便各级个贷从业人员快速熟悉和掌握个人贷款产品制度，通过梳理和分析目前个贷的政策和产品体系，魏某组织制定了《个人贷款产品操作指引（某年9月版）》，帮助各支行有效运用新产品和政策拓展个贷业务市场。

为保持分行个人住房贷款业务在广州地区的竞争力，针对广州市个人住房抵押登记的实际情况，魏某带领的信贷管理部联合住房部向总行上报了《关于在落实阶段性担保及网签购房合同的前提下对优质按揭项目发放个人住房贷款的请示》，得到总行同意，保证了优质按揭项目个人住房贷款业务的市场份额。

开展个贷业务合规检查，严抓整改落实，确保个贷业务操作依法合规。第四季度，魏某组织开展了分行个人信贷业务的合规性检查，重点检查近一

年度个人贷款业务的操作、贷款发放与支付管理、抵（质）押物管理、融资性担保机构担保的个人贷款管理、贷款风险分类、合作机构管理、住房按揭项目管理等方面的制度执行情况，查找和防范个人信贷业务风险。同时，加强对合规检查和总行非现场监督监测发现问题的核查和整改工作，全力督导支行对个人贷款抵押登记问题的整改。

严格按照监管部门和总行的要求，认真做好地方政府融资平台贷款的风险管理工作

开展地方政府融资平台贷款风险监管新政策的专题培训。为了让各支行更清晰地了解地方政府融资平台贷款监管新政策的内容，把平台贷款风险管理落到实处，魏某联合部门同事组织相关支行进行了专题培训，对中国银监会、中国人民银行关于加强地方政府融资平台贷款风险监管的新政策、新规定进行解读，并对下一阶段该行地方政府融资平台贷款整改和管理的重点工作进行部署，认真执行融资平台贷款总量控制政策。

重点加强平台到期贷款管理。对年内到期（含分期还款到期）的平台贷款，魏某督导各行逐户制订全年到期贷款还款方案，并密切跟踪融资平台运营状况和到期贷款的还款进度，对不能按方案落实资金来源、可能造成还款违约的，以及需进行贷款重组、期限调整、品种整改等操作的，及早采取应对措施，确保平台贷款质量稳定。

严格落实平台贷款的整改和增信工作。按照中国银监会对存量平台贷款整改增信的工作要求，指导支行积极与平台客户及其相关政府主管部门进行协商。

推动符合条件的平台贷款整改退出为一般公司类贷款。按照监管部门平台退出流程和要求，完成了广州市城市复建有限公司贷款整改及平台退出工作，同时向总行报送了广州某置业有限公司退出平台的有关材料，并已获得总行同意。

加强资产管理系统的维护与信息管理，保障全年系统正常运行，实施系统信息监测服务业务管理

魏某就任以来，加强与支行的沟通，及时了解支行资产管理系统的使用

情况，解决业务操作以及系统版本升级等各种问题，确保了系统的正常运行。制定下发了 30 多份业务操作指引，全力协助支行解决系统升级后出现的操作问题，并及时向总行反馈完善。

对法人客户表外承诺类业务系统数据进行清理。为减少经济资本占用，总行对分行下达了年内清理压降表外承诺类业务余额 165 亿元的工作任务。魏某所在分行积极连同公司部、资债部组织各支行开展表外承诺类业务数据清理工作，并对重点支行进行现场指导。截至 2012 年末，共实现压降 182 亿元，超额完成总行下达的年度清理任务，既保证了信贷业务的正常办理，又大大减少了经济资本占用。

2013 年以来魏某所在的分行先后下发了 12 份关于规范客户台账信息补录工作的通知，进一步规范了银行承兑汇票/保函信息、涉农贷款区域信息、房地产贷款项目相关信息，以及个人经营贷款经营实体信息等方面系统录入的要求。魏某还组织制定了《分行个人自营贷款客户征信异议核实、认定细则及操作流程（某年版)》，规范征信异议处理管理。按照总行要求，进一步规范了客户规模标识的管理。

充分发挥系统监测的作用，促进信贷结构调整和合规管理工作。魏某带领的信贷管理部重点加强了对四大行业、四大新市场、贷款质量、贷款结构、抵押权证管理、贷款支付管理等情况的监测，提高信贷管理的针对性和及时性。

魏某带领信贷管理部的同事，按时、按质完成各项业务报表报送工作，向省行、内审、安永审计及分行相关部门提供各项信贷管理经营指标、风险监测指标以及风险管理评价等数据和报表，为经营决策提供依据。

完善细化贸易融资业务政策和制度，助力信贷结构调整

根据总行《关于某年贸易融资业务发展的意见》，魏某所在的信贷管理部制定了分行贸易融资业务发展目标，明确了全面提升贸易融资占比、深化供应链融资和商品融资业务发展、加快贸易融资不良贷款清收处置等贸易融资业务发展思路，把贸易融资业务的健康发展与全行信贷结构调整战略有效结合起来。

参与开展信贷结构调整工作调研，支持支行开拓有效信贷市场

根据分行领导的要求，魏某带领信贷管理部连同授信审批部，以"积极贯彻总行信贷结构调整战略，支持支行和前台部门深挖优质信贷市场，加快拓展信贷业务经营新蓝海"为目标，在分行全辖开展了信贷结构调整调研。在分行领导直接带领和指导下，辖内34个支行分成四个片区，分别召开了信贷结构调整研讨会议，就各支行辖内优质信贷市场资源，市场拓展所面临的困难和挑战，信贷政策、产品及流程优化的需求等问题展开了深入的研讨，分析探讨了餐饮业、专业市场、电影院线、中型先进制造业、医院等开拓空间较大的行业以及部分重点市场、项目的业务拓展思路。通过调研会议，使各支行进一步转变了观念，树立了加快推进信贷结构调整的信心和决心。

配合省行专家团队开展"巡回医疗、专家门诊"活动，
解决支行信贷经营中遇到的问题和困难

为贯彻落实全省分行行长会议精神和××分行行长关于加强信贷营销管理一体化思路，省行副行长、高级专家亲自带领由省行信贷管理部、授信审批部、公司业务部、小企业部、房地产与个人信贷部、风险管理部、国际业务部人员组成的专家团队，到分行开展信贷经营管理"巡回医疗、专家门诊"服务活动。魏某所在部门配合组织服务活动，活动后整理汇总专家团队对支行有关问题的解答，转发各支行参考学习；并根据专家团队的指导意见，组织分行小企业金融业务部、住房与个人信贷业务部和授信审批部相关负责人联合前往荔湾支行开展专业市场融资工作调研，就专业市场营销切入点、借款人准入条件及审查审批要求、贷前业务流程优化、市场管理方识别与支持等方面进行了详细的解答并提出针对性的建议。

［案例四］勤奋创佳绩　扎实写人生
——L商业银行X分行风险经理李某的成长经历

李某从参加L行工作19年来，始终爱行敬业，刻苦学习，勤奋工作，年年被评为先进工作者。特别是2000年负责省行评级、授信工作以来，凭着对

工作的高度负责和对 L 行事业的执着忠诚，带领所属团队扎实开展工作，锐意创新开拓，年年出色地完成了工作任务，评级、授信工作质量不断提高，为 X 分行信贷事业作出了突出贡献。成为 L 商业银行新一代金融青年的楷模。

迎难而上，以勤补拙，是他可贵的精神

2000 年，李某受命负责全省的评级工作，他不负众望，勇挑重担，面对制度办法多、人员配置少、系统不稳定、模式不规范等问题，积极着手建设评级管理体系，把好风险第一关口。他昼夜思考，探索改进评级审查模式，建立了评级审查报告制度和组织管理模式，对审查报告的格式和内容作出详细规范；率先提出加强会计师事务所等中介机构质量管理的设想，创造性地制定了省分行对中介机构的选聘办法及选聘、合作、退出细则。在业务实践中，他以事实为依据，不徇私情，先后将 7 家有违规嫌疑的中介机构剔除合作范畴；以他为核心的评级管理团队，年均审查审批评级业务 700 余笔。多年来，为了把工作做得最好，他总是忘我而又快乐地工作。周末时间不回家，晚上 10 点以前不下班，午休时间仍在工作，对他来说，司空见惯。有时为了使一个项目顺利尽快投放，他反复研究、查阅资料、跑基层、上总行，日夜连轴转，废寝忘食，恨不得一个人当两个人用。有人不解地问他何必如此用功时，他淡淡一笑：我是以勤补拙。功夫不负苦心人，通过他和评级战线同志们的不懈努力，X 分行信贷结构取得了历史性突破。

直面挑战，勇攀高峰，是他不懈的追求

为适应新时期授信工作的新情况、新要求，李某不满足于工作现状，积极调整思路，将建设授信业务集约化、标准化和精细化作为奋斗目标，提出深化授信管理职能、细化管理行为和细节，通过手段创新促进规范管理的想法，并身体力行进行实施。通过创新授信基础数据库管理，打造高效的管理信息平台；通过建立单一客户和集团关联客户数据库，实现授信工作的统筹安排和对客户的分类管理；通过建立关联企业动态管理制度，确保辖内集团客户全部实施统一授信；通过建立授信质询函制度，年均下发质询函 50 余份，有效地解决了授信上报不及时、尽职调查不全面、风险分析不到位的现象；通过创新授信审查方式，发挥授信工作的导向功能，支持流动资金贷款

改造，为直营客户制订个性化授信方案，支持了核心企业的市场营销。他接手授信工作当年就完成了所有法人客户的授信工作，改变了以往跨年度核定客户授信的被动局面。在授信工作的同时，他还积极通过总行、省行网讯宣传授信成果和经验。总行同志一度调侃说，X 分行的授信报道和业务经验都赶上总行了。在他负责评级授信工作期间，评级、授信业务先进经验被总行作为专业会议材料进行交流学习，他也因此多次在总行业务大检查中得到通报表扬。

职业素养和敏感使他成为一名真正的风险经理。在一次业务审查中，当他发现不断有人关注业务进度时，不禁心里打了个结。于是他立即上网查找信息，发现了一个与这个客户名称相近的企业被法院起诉，于是他又通过多种渠道逐一核实，终于发现了一个多头贷款、违约欠债的不良客户。还有一次，部领导指示认真做好一个客户的授信业务，时间紧，客户又比较特殊，他从厚厚的 6 本审计报告工作底稿入手，发现客户的资产负债变动较为频繁，长期投资占比又大，关联交易时有发生。他顺藤摸瓜又从行业分析入手，通过信贷管理系统对全行涉及此行业的 22 家客户逐一进行数据搜集，认真分析行业内客户的变化趋势和动态，整理各个客户的信用等级、销售市场、营业收入、利润状况，将搜集到的信息进行汇总分析，最终形成了授信分析报告，用充分的事实和理由否决了该客户 2 亿元的授信申请。事隔不到半年，该客户骗贷大案浮出水面，此案涉及多家商业银行多名银行涉案人员被公安机关收审。在多年的职业生涯中，他就是这样高度负责，从严深究，已不知多少次为 L 行把住了风险关口。

团队协作，共创辉煌，是他一贯的风格

李某常说：一枝独秀不是春。因此，他一贯重视培养和发挥团队的整体作用。为建设一支过硬的授信工作团队，他倡议创建总行级"青年文明号"和"先进党支部"、提出"让年轻的心迸发活力，快乐工作，健康生活"的想法和口号，得到了部领导和同志们的支持响应。在创建过程中，他身体力行，组织青年突击队，在抗震期间累计发放救灾贷款 16.85 亿元。他积极组织团队培训，采取送教上门、网络视频、区域座谈、业务园地等形式，加强全省信贷队伍建设，先后共组织专业培训 31 期，受训人员达 3000 余人次。

他还建议用"以工代培"的方式，抽调基层行的同志轮流到省行工作、见习，促进了全省评级专业队伍业务素质的提高。他结合部室员工爱学习、勤思考、好钻研的优势，引导大家多角度调研和分析，先后形成 120 余篇调研和预警报告，为行领导正确决策提供了依据。同时他号召大家积极参加社会公益活动，先后参与主流媒体举办的"龙的传人　为中国加油"诗歌朗诵活动，"祝福四川　加油中国"的祈祷和祝福活动，"绿色环保、健康奥运"大型公益植树活动。在"众志成城　抗震救灾"捐款活动中，他和他的团队积极奉献爱心，向灾区捐款 8500 余元，捐物 200 余件。他所在的部门先后被评为省行先进部室、先进基层党组织、省行级"青年文明号"，总行级"青年文明号"材料已申报总行，业务考核排名也进入省行前列。

博学笃行，扎根 L 行，是他不变的信念

在当今人才激烈竞争的时代，唯有进取博学，才能不断进步、保持新锐。李某多年来坚持边工作边学习，不断充电，厚积薄发，在业余时间，他如同"拼命三郎"，刻苦学习钻研。别人看文件觉得枯燥只看一遍，他却要看几遍，反复研究思索，相关信息和精神一定要弄个明白。为学习金融业务知识，他坚持记笔记，笔记本不知记了多少本，为关注金融热点和难点，他每次下班回家就上网搜集有关信息，家里的电脑成了他上网学习的专机，家人都得让位。为了能够更系统地学习研究，提高自己的知识水平和工作能力，他还于2006 年报考了某大学攻读工商管理硕士（MBA）研究生。理论知识与实践经验的积累，使他逐渐成长为 L 行的高素质人才，X 省多家银行同业先后出高薪聘请他，他都断然予以回绝。他说："L 行是我成长成才的摇篮，创造价值，奉献 L 行，是我永远不变的信念。"

第十一章 组织篇：标准搭建，典型引领，借力软实力模型提升银行绩效

本章提要 软实力水平的提升既是风险经理个人的事，更是整个银行的事。因此，商业银行的一项重要挑战是如何提升全体风险经理的管理水平。本章从商业银行的视角对这一问题进行了探讨，分析了银行如何运用"商业银行风险经理软实力模型"提升软实力水平，促进银行业绩的提升。

软实力胜任标准的建构是开展人力资源管理活动的基础。"商业银行风险经理软实力模型"构建好后，即可以此为基础，运用测评手段对风险经理候选人进行测评，从而为决策者提供相对科学和量化的参考，提高专业性。同时，该模型也可用于在岗风险经理的软实力评价，进而为风险经理的培训、绩效考核、薪酬管理以及职业生涯规划提供参考依据，促进建立新型商业银行管理平台（见图 11.1）。

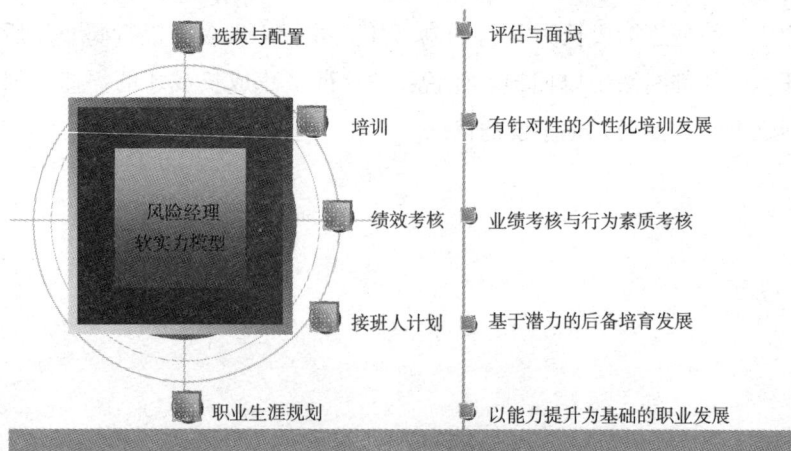

图 11.1 商业银行风险经理软实力模型的应用

一、基于软实力模型的商业银行风险经理候选人选拔与配置

传统的风险经理招聘与选拔多停留在以教育背景、知识水平、技能水平和以往的经验而非软实力来作出聘用的决定，但往往知识丰富、技术能力较强的人不一定就是绩效优秀者。因此，这种选拔方式可能并不能很好地选拔出高潜力者。而基于软实力的风险经理和管理人员选拔，挑选的是具备软实力和能够取得优异绩效的人，而不仅仅是能做这些工作的人。因此，人职匹配不仅体现在知识、技能的匹配上，还必须重视内隐特征的匹配。这样做的理由是，处于软实力结构表层的知识和技能，相对易于改进和发展，而处于软实力结构底层的核心动机、人格特质等，则难以评估和改进，但对软实力却有着重要的贡献。只有具有与商业银行企业使命一致的人格特质和动机的人，才可能与银行建立以劳动契约和心理契约双重纽带为基础的战略合作伙伴关系，才可能被充分激励而具有持久的奋斗精神，才能将企业的核心价值观、共同愿景落实到自己日常的行为过程中从而造就卓越的组织。

以"商业银行风险经理软实力模型"为基础，可以构建基于软实力的风险经理选拔与配置机制。对风险经理候选人的能力、技能和素质进行评估的最实际、最有效的方法之一是基于行为事件的面试方法。这一面试方法的假设前提是过去的绩效能最好地预测未来的绩效。优秀的决策者根据"商业银行风险经理软实力模型"，对风险经理候选人价值观，以及在过去行为中所表现出来的能力高低进行判断，并与岗位软实力标准对照，预测风险经理候选人在该应聘岗位的未来表现，作出是否录用的决策。

对商业银行风险经理的选任除了采用传统技术外，还可以运用心理测验、管理游戏、评价中心技术以及结构化面试等测评技术等。

（一）心理测验

心理测验主要包括人格测验和智力测验。人格测验涉及人的心理状态、情感或行为的非智力方面的人格因素，通常包括对性格、情绪状态、人际关系、动机、兴趣和态度的测量。决策者依据测评结果，作为决定候选人是否

符合岗位要求的参考。考察方法是纸笔测试或上机测试，由每人单独完成问卷，可以进行集体施测。其特点在于能快速地测出个人的职业倾向。

（二）管理游戏

决策者可将应聘者分为几个小组，每个小组完成同样的任务，如进行模拟销售或市场占领。各小组自助分配，在 2～3 个小时协作完成。决策者可以在客观的环境下，有效地观察应试者的领导特征、能力特征、指挥特征和关系特征等。可多人分多组集体施测，并可以突破实际工作情景时间和空间的限制，模拟内容真实性强，富有竞争性和趣味性。

（三）结构化面试

结构化面试是指依据预先确定的内容、程序、分值结构进行的面试形式。面试过程中，主试人必须根据事先拟定好的面试提纲逐项对被试人测试，不能随意变动面试提纲，被试人也必须针对问题进行回答，面试各个要素的评判也必须按分值结构合成。也就是说在结构化面试中，面试的程序、内容以及评分方式等标准化程度都比较高，使面试结构严密，层次性强，评分模式固定。

在面试中，主试人根据面试提纲逐项向被试人提出问题，被试人必须针对问题进行回答。多个被试人都会面对同样的一系列问题，面试的内容具有可比性。这样，对所有面试者来说比较公平。由于被试人对同样问题进行回答，主试人根据统一的评分标准进行评价，操作起来比较方便而且也容易作出公正的评判。

目前，结构化面试因其直观、灵活、深入、具有较高的信度和效度而不断为许多用人单位接纳和使用，它作为现代人员素质测评中一种非常重要的方法也日益受到人们的重视。

（四）评价中心技术

评价中心技术，又称评鉴中心技术，是一种用于甄别应聘者和工作候选人未来潜能的评价过程。它通过把候选人置于相对隔离的一系列模拟工作情景中，以独立作业或者团队作业的方式，并采用多种测评技术和方法，观察和分析候选人在模拟的各种情景压力下的心理、行为、表现以及工作绩效，以测评候选人的管理技术、管理能力和潜能等素质。

（五）无领导小组讨论

无领导小组讨论就是采用情景模拟的方法对应试者进行集体面试。就其操作方式而言，无领导小组讨论就是通过给一组应试者（一般是 5~7 人）一个与工作或社会实际相关的问题（所讨论问题的内容根据招聘的职位特点而定），让应试者进行一定时间（一般是 1 小时左右）的自由讨论；就其形式而言，是应试者围绕圆桌而坐，就一个问题进行发言、辩论。在整个无领导小组讨论过程中都不指定谁是领导，即"无领导"，他们在讨论问题时的地位是平等的。当然也不指定每个应试者应该坐在哪个位置，而是让所有应试者自行安排、自行组织发言次序并展开讨论。在应试者进行讨论的过程中，主考官并不参与，只是在讨论之前向应试者介绍一下讨论的问题，规定应试者所要达到的目标以及时间限制等。评价者通过应试者在讨论中的言谈举止，观察每位应试者的表现，从而作出准确评价。

二、基于软实力模型的商业银行风险经理培训设计

基于软实力模型设计的培训，是对员工进行特定职位的关键软实力的培养，培训的目的是增强员工取得高绩效的能力、适应未来环境的能力和软实力发展潜能。与传统的培训相比，基于软实力的风险经理培训系统更富有针对性。通过"商业银行风险经理软实力模型"，风险经理可以发现自己的"短板"，从而有针对性地实施培训计划。这种培训设计重视管理软实力的培训。

以"商业银行风险经理软实力模型"为基础，商业银行基于软实力的培训与开发基本程序一般分为培训需求分析、培训与开发计划的制定和实施、培训与开发效果评价。各个阶段不是孤立的，而是相互影响的，商业银行应该依据培训与开发的效果，不断调整各个阶段内容，提高培训与开发的效果。

（一）基于软实力的培训需求分析

培训需求分析是指在培训活动之前，由培训部门、主管人员、工作人员

等采取各种方法和技术，对各种组织及其成员的绩效、软实力水平及职业发展愿望等方面进行系统的鉴别与分析，以确定是否需要进行培训及培训内容的一种活动或过程。在基于软实力的培训与开发体系中，软实力模型为培训需求分析提供了可参照的标准。

基于软实力的培训需求分析模型见图11.2。在模型中逻辑关系分为横向和纵向的关系。横向逻辑为员工的实际情况和银行要求之间的差距，在这个比较过程中，以软实力模型作为参照标准，通过员工当前状况和理想状况的对比，能够比较准确并有针对性地提出培训需求；在纵向上是软实力和行为、绩效的逻辑关系。软实力特质往往通过一定的行为方式表现出来，一定的行为导致相应的绩效水平，这也是行为事件访谈法的理论基础。培训发展需求的确定不仅仅要考虑员工软实力水平与银行要求的差距，也要充分考虑银行的内外环境，比如组织结构、成本承受能力等。只有考虑员工软实力发展需求和银行内外部环境，这样的培训发展需求才能真正符合组织和个人的要求，并能够有实施的基础和条件。否则，培训和发展计划就没有办法制定和执行，也就没有实践意义。

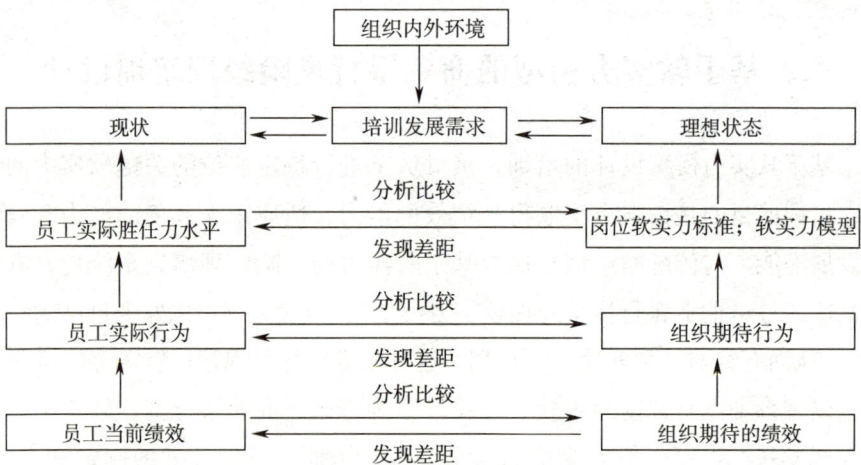

图 11.2　基于软实力的培训需求分析模型

基于软实力模型的风险经理培训主要取决于两方面：（1）风险经理或准风险经理当前软实力水平与岗位软实力要求是否有差距；（2）风险经理或准风险经理当前软实力水平是否能达到新的职位所提出的新的要求。我们可以对照员工的行为方式和绩效水平与组织期待的行为方式及绩效水平来判断员工软实力水平是否符合当前岗位软实力要求。如果不能满足，应该通过分析比较，找出差距，并以此来确定培训需求。因此，基于软实力的培训需求分析是兼顾了组织和个人两者的共同需求，是双赢模式。

（二）制定和实施基于软实力的培训与开发计划

在对培训需求进行比较充分的分析后，一旦确定培训与开发的必要性和可能性，就进入培训与开发计划的制定和实施阶段。培训与开发计划主要包括以下几个方面的内容。

1. 确定培训与开发目标

培训与开发目标是根据需求分析结果来确定的期望达到的效果，并且这些效果必须是可以测量的。基于软实力的风险经理培训与开发的目标主要是通过培训与开发实践提高风险经理或准风险经理的总体软实力水平，塑造个人及组织核心竞争力，为实现组织战略目标和个人职业发展规划提供动力支持。

2. 确定培训与开发内容

培训与开发内容主要是银行或准风险经理在知识、技能、态度和价值观等软实力要素上的水平与当前及未来要从事的职位软实力要求之间的差距。基于软实力的培训体系是个性化的培训发展方式，通过对员工软实力的分类分层的剖析后，参照职位软实力模型，比较容易发现软实力的差距，从而确定培训与开发内容。

3. 设计培训与开发方式

根据培训目标和培训内容，在条件许可的范围内，确定可行的培训与开发方式，其中包括讲授法、研讨法、案例研究、行为示范、工作轮换、角色扮演、管理游戏和现场观摩等。因为软实力的培训与开发强调软实力冰山结构图中水下深层的软实力特质，比如动机、价值观、行为方式等，所以更常用的是行为示范、角色扮演等。

4. 培训成本分析

对于软实力结构冰山图中的水上冰山部分（如知识、技能等），相对易于改进和发展，培训是最经济有效的方式。但基准性软实力只是对胜任者基础

素质的要求，它不能把表现优异者与表现平平者区别开来；对于软实力结构冰山图中水下冰山部分（社会角色、自我概念、人格特质和动机/需要），则相对难以改进和发展，且越往水下，难度越大，培训与开发需要的时间和花费的成本越大。但深层软实力又是区别表现优异者与表现平平者的关键因素。这时就要进行权衡分析，当进行软实力培训所花费的成本超过选拔招聘所需的成本时，则直接进行招聘则是更为经济有效的方法。正如哈佛大学教授 Mc-Clelland 所说："你可以教会一只火鸡爬树，但更简单的是找来一只松鼠"。培训与开发计划一旦制定，就必须按照计划去落实。没有落实的计划，最后只能是一纸空文，没有任何实际意义。

（三）对基于软实力的培训效果进行评估

培训与开发评估是完整的培训与开发流程的最后环节，它既是对整个培训与开发活动实施成效的评价和总结，也能够为下一次培训需求分析提供重要信息。管理者可以通过不同的测量工具评价培训与开发目标的达成情况，并据此判断培训与开发的有效性。它是一个系统地收集有关人力资源开发项目描述性和评判性信息的过程，目的是便于商业银行在选择和调整培训活动时作出更理性的决策，而不至于凭经验和感觉作模糊判断。

作为一个完整的系统的培训开发活动，应该使评估贯穿于整个过程，并且坚持结果评估和过程评估相结合的原则。但是，每个阶段的评估重点应该有所不同，比如在培训与开发需求分析阶段，主要是评估培训与开发需求是否全面、准确等。

三、基于软实力模型的商业银行风险经理绩效考核设计

绩效 = 结果 + 过程，引进平衡计分卡和关键业绩指标能清楚地界定绩效在结果方面的指标，而引进软实力模型之后则能非常容易地界定绩效在过程方面的指标，从而极大程度地简化绩效评价过程，并能鼓励员工不断提高自己的软实力水平。

在以往绩效评估时，评估人员经常会发现很难收集被评估对象工作绩效

的充足数据，或者只强调绩效目标，而不管员工是如何取得绩效等。在对风险经理考核的过程中，由于缺乏足够科学的考核方法，大多数考核只能看到被评估风险经理显在的业绩，而不能科学地预测被评价者的潜在业绩。而基于胜任特征分析的考核评估，就为商业银行风险经理的绩效考核提供了新的思路和技术基础。基于软实力模型的绩效考核在绩效标准的设计上既要设定任务绩效目标，又要设定胜任力发展目标。绩效标准的设计还要对风险经理的贡献和胜任力发展、目前的价值和对组织的长远发展需要的重要性、短期绩效和长期目标作出适当的平衡。这样，经过科学论证并且系统化的考核体系，也正体现了绩效考核的精髓，真实地反映了员工的综合工作表现。基于胜任力的考核指标体系，是一组能科学确定区分优秀与普通组的指标集。在绩效评估时，应从目标任务的完成、关联绩效的提高、胜任力的发展等方面来进行。

首先，建立绩效测评指标体系。风险经理的绩效目标不仅包含任务绩效，还包含关联绩效。尤其是在目前竞争激烈的商业银行，要求风险经理不仅要很好地完成自己分管或承担的工作任务，还要与团队其他成员密切配合，更多更好地创造周边绩效和适应性绩效，以不断促进整个银行业绩的提升。因此，在考核商业银行风险经理时，要在原有考核指标体系的基础上，增加帮助他人、承担本职外工作等的考核内容。由于前面已经建立了测量商业银行风险经理绩效的量表，因此，在具体实践中，可以将此量表设计成测评问卷内容的一部分添加到对风险经理的测评表中。

其次，选用正确的评价方法。在很多企业里面，都是直接上级对下级进行业绩评价以及能力评价。这样做有它的正确性，因为直接上级对被评价者起到绩效目标设定、过程监督以及结果评价的作用，有很多的机会对被评价者进行观察和了解。但是，上级并不是时时刻刻都在观察被评价者，被评价者在工作过程中也不是仅仅与上级打交道，被评价者的业绩与能力也不仅仅可以被上级评价，并且被评价者也不仅仅对上级负责。因此，仅仅由上级来评价会受到一定的局限，从而不能全面地考察被评价者的业绩和能力素质。而360度评价法则可以弥补上述方法的局限性，它选择被评价者的上级、同级、下级或客户以及被评价者自己进行评价，从而能够得到全面的信息和材料，使我们能够更加准确地了解被评价者的情况。基于风险经理软实力模型，

我们对在职的风险经理以及风险经理的备用人员进行评价时都可以采用360度评价法来考察其能力素质。

将软实力模型应用于绩效管理，需要建立公正的、具有发展导向和战略性的绩效管理体系。这样一个绩效管理体系应包括四方面的内容：（1）绩效目标是建立在认同和信任的基础上，员工参与绩效目标的制定，并通过管理沟通形成绩效承诺；（2）在整个绩效管理过程中，管理者应针对下属软实力的特点，给予相应的指导、支持和授权，不断提高下属的工作自主权，推动员工与企业共同成长；（3）绩效考核应做到公平、公正，绩效沟通应着眼于软实力发展与绩效提高；（4）绩效管理不能仅仅局限于员工个人的绩效，应注意软实力中人际技能和团队协作能力的培养与发挥，合理设计工作群体，努力提高群体绩效。

四、基于软实力模型的现代商业银行后备风险经理选拔和培育

企业接班人计划是现代企业应对各种危机管理所不得不采用的一种策略。运用软实力模型，商业银行能够选拔出有潜质的企业接班人（后备人才），从而为组织的发展提供合适的领袖人才，进而实现企业的长远发展。

接班人才的选拔和培养机制对于组织来说是一把"双刃剑"，如果使用得当就能够吸引、留住和激励人才，使用不当则可能导致优秀人才流失，甚至给组织带来难以预测的危机。对于竞争激烈的商业银行来说，建立全新的、科学的、系统的风险经理后备人才选拔培育系统，对于银行在知识经济时代获得生存和竞争优势具有重要意义。鉴于此，改革和完善后备人才选拔培养机制，以风险经理软实力模型为基础，建立风险经理后备人才选拔评价体系，以行为事件访谈法、评价中心法为手段，完善基于业绩和能力的人才测评体系，是当前许多银行所面临的一项紧迫任务。

五、基于软实力模型的商业银行风险经理职业生涯规划设计

运用软实力模型这一有效工具，商业银行可以对在岗风险经理软实力现

状进行评估。在此基础上，结合风险经理本人的工作特点和行为特质，为其设计符合个人需要与企业需要的职业生涯规划，从而实现"双赢"。

成长与发展是人的一项基本而重要的需求，提高岗位胜任力和就业能力是员工职业发展的重要方面，同时员工的发展又促进了组织竞争力的提升和组织发展。通过开发软实力模型，对员工的胜任力潜能进行评价，帮助员工了解个人特质与工作行为特点及发展需要，指导员工设计符合个人特征的职业发展规划，并在实施发展计划的过程中对员工提供支持和辅导。这样不仅能帮助员工实现自身的发展目标及职业潜能，也能促使员工努力开发提高组织绩效的关键技能和行为，实现个人目标与组织经营战略之间的协同，达到员工和组织共同成长和发展。

软实力模型在理论上具有相当的优越性，在国内外许多优秀企业实践中也取得了良好的效果。然而，由于文化适应性和银行业的特殊性、银行人员素质以及基础管理的限制，基于软实力模型的管理实践活动必须循序渐进，先从理念的引入，再到实践运用，并最终在管理实践中发挥重要作用，进而重新塑造新型管理体系，全面促进银行业务的发展。

第十二章　商业银行风险经理软实力测评系统的研发及应用

本章提要　软实力模型是行之有效的管理工具。本章分析了以软实力模型为基础的风险经理软实力测评系统的研发过程。重点介绍了商业银行风险经理软实力测评系统的构建过程及功能。某商业银行广东省分行的运营实践表明，风险经理软实力测评系统具有相当科学的信度、效度，能够帮助选拔与培育优秀的岗位任职者。

一、商业银行风险经理软实力测评系统量表的开发

为将软实力模型真正应用于管理实务，指导人才选拔与开发，课题组以风险经理软实力模型为基础，修改和完善了商业银行风险经理软实力测验量表。通过对600多名在岗任职者进行量表调查，结果表明，该测评量表的信度、效度指标较好，测验工具性能良好，可以推广应用。该测评量表可以为商业银行风险经理的选拔、绩效考核以及培训提供专业化的参考支持，促进商业银行提升经营管理业绩。

二、商业银行风险经理软实力测评系统的构建及功能简介

为了提高测评效率，借助信息化手段，课题组将商业银行风险经理软实力测评量表嵌入系统，构筑了基于网络的人机对话形式的在线测评系统——风险经理软实力测评系统。该系统是以现代人才测评技术为基础的首度创新性尝试，它以经济学、银行经营管理学、人力资源管理学、人才测评学等学科为理论依托，借助网络手段，通过系统提供多方面的人才测评。

风险经理软实力测评系统包括四个模块，分别是软实力素质测评模块、职业能力测评模块、心理健康测评和行为风格测评模块。软实力素质测评模块是一个能够反映被测评者软实力潜力特征的量表。职业能力测评模块测重于考察候选人对语言文字的综合分析和理解概括能力、对定义的推理、把握能力以及对文字、图形、表格等数据的综合分析能力。心理健康测评模块则重在测评候选人的情感症状、抑郁和焦虑的心理障碍。行为风格测评模块用来了解候选人的个性特点、行为特点以及在日常工作中通常是如何与同事沟通相处的，帮助全方位了解候选人的管理风格。

风险经理软实力测评系统通过人机对话的网络测评，由电脑自动生成量化的测评报告，报告能给决策者提供一个更加全面的信息，降低管理者用人决策的风险，减少用人失察，提高人岗匹配程度，促进业务发展。

风险经理软实力测评系统具有诸多的特点：它基于风险经理软实力模型，具备相当的科学性和可行度；采用人机对话方式，操作简便快捷，支持多用户同时在线测评；测评内容涵盖软实力素质测评、心理健康和职业能力多个方面，测评模块较为全面；系统自动记录各个测评者的基本信息及测评结果，支持批量数据处理，方便使用者对测评结果统计分析；系统扩展性强，为以后的升级和测评模块的增加留有多个扩展接口。测评结果直观清晰，便于使用（见图 12.1 和图 12.2

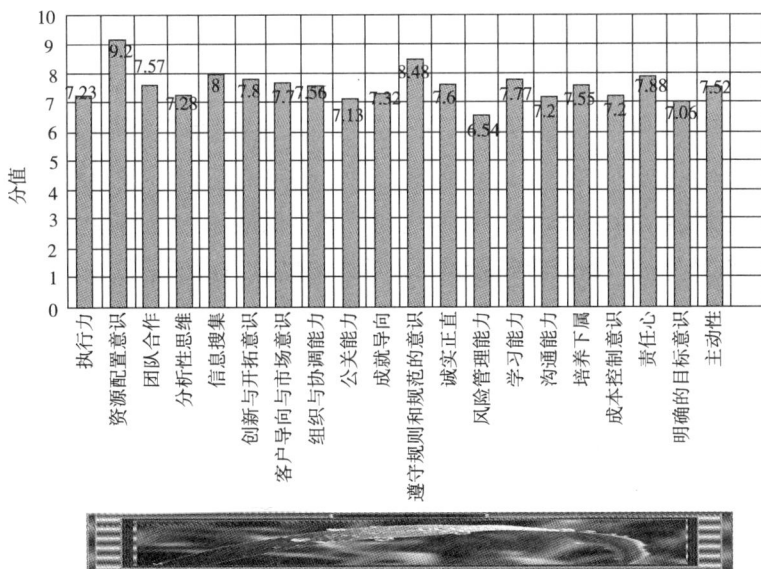

图 12.1　软实力素质测评模块测评报告示例图

的测评结果)。

风险经理软实力测评系统测评结果报告示例图																		
测评用户基本信息			软实力素质测评结果										职业能力测评结果					心理健康测评结果		行为风格测评结果
姓名	单位及职位	测评时间	团队合作	风险驾驭	分析判断	信息搜集	责任心	学习意识	成就导向	稳重严谨	规范意识	……	言语能力	数理能力	推理能力	信息分析能力	综合能力	抑郁等级	焦虑等级	
朱××	××经理		★	●	●	★	●	▲	▲	●	▲	●	●	●	●	●	●	●	●	

注：1. 各符号所代表的胜任力水平：★代表该项胜任素质处于较高水平（强项）；▲代表该项胜任素质处于中间位置（中等）；●显示该项胜任素质表现欠佳（较差），需要着力提升。

2. 行为风格测评结果用小动物来代表被测评人的管理风格：老虎代表支配型；孔雀代表表达型；考拉代表耐心型；猫头鹰代表精确型；变色龙代表整合型。

（老虎）　（孔雀）　（考拉）　（猫头鹰）　（变色龙）

图 12.2 "风险经理软实力测评系统"综合测评结果报告示例图

三、风险经理软实力测评系统运行报告

风险经理软实力测评系统投产后，率先在某大型商业银行广东省分行进行了探索式应用。为了解决该行风险经理选拔的管理困境，我们根据该行的实际情况对模型和测评系统进行了细化和完善，然后率先将其投入风险经理选拔中。

从系统的运营效果来看，基本达到了预期的效果。使用单位普遍反映，该系统能够较好地预测风险经理候选人的未来绩效，对于银行进行人才选拔、储备和培育发挥了重要作用，提高了人才管理和配置水平，较好地促进了业务发展。

四、风险经理软实力测评系统追踪分析报告

从系统总体运营效果来看，"风险经理软实力测评系统"基本达到了预期的效果。然而，该模型的实证效度如何？利用该模型进行风险经理任职

者的选拔与测评是否能够真正选出未来能产生高绩效的任职者？针对这些问题，为进一步验证所建构的风险经理软实力测评系统的有效性，我们采用追踪分析法跟进分析任职者的实际工作表现，通过实践来证明系统的真实有效性。

按照方便取样的原则，课题组在某商业银行广东省分行辖内选取 25 名通过测评并且顺利走上风险经理岗位的被试者，跟踪其 3 年的绩效，以了解这批人选在实际工作中的表现，进而检验风险经理软实力测评系统的有效性。

结果表明，通过风险经理软实力测评系统的候选人基本都取得了较好的绩效，未完全通过测评系统的候选人的绩效表现欠佳。这说明风险经理软实力测评系统的匹配吻合度较高（调查样本的匹配吻合度在 80% 以上），可以进一步推广使用。

五、风险经理软实力测评系统的全景应用

风险经理软实力测评系统在某商业银行广东省分行的实践表明，软实力模型是行之有效的管理工具，课题组所建构的商业银行风险经理软实力模型具备科学性。以该模型为基础生成的风险经理软实力测评系统能够较好地预测候选人的绩效，能够为商业银行行长的绩效考核、培训、薪酬管理以及职业生涯规划提供参考依据，促进建立基于领导力的现代商业银行新型管理体系，可以进一步推广使用。

（一）风险经理软实力测评系统在风险经理选拔与配置中的应用

基于软实力模型的人员选拔依据的是优异的绩效以及能取得此优异绩效的人所具备的胜任特征和行为。这就要求选拔出的分支行风险经理及管理人员不仅要具备该岗位绩优者的胜任特征，还应当具有与组织匹配的胜任特征。鉴于此，我们根据风险经理软实力模型所构建的软实力标准，重点考察候选人的潜力特征，以及在过去所表现的能力，预测候选人的未来表现，以此作出是否选用的决策。

风险经理软实力测评系统可以在风险经理选拔与配置中发挥重要作用（见图

12.3)。通过该系统重点对风险经理候选者的价值观（包括性格、态度、行为方式
等）、能力和技能进行评估。在评价时采用的方法也会与以前的不完全一样，行为
事件访谈法、工作样本、情景模拟等技术将被更广泛地采用，这将选拔出富有潜
力并且未来能够产生高绩效的风险经理，进而促进银行业务的发展。

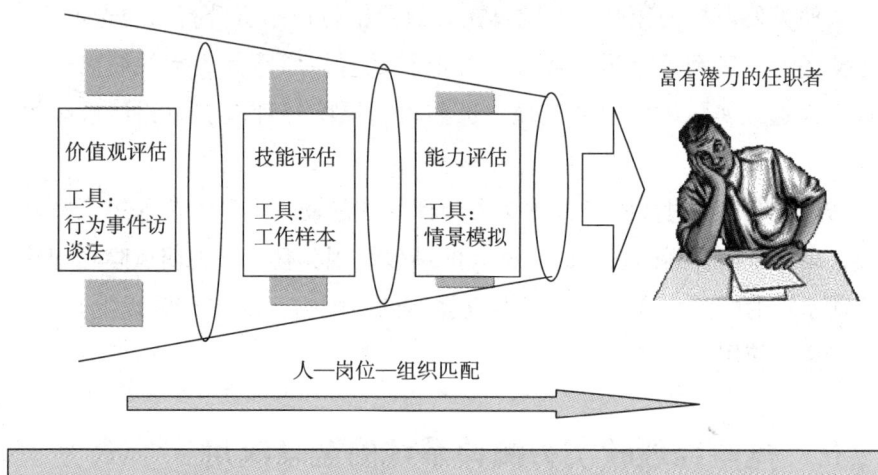

图 12.3   核心岗位软实力测评系统在选拔与配置中的应用

（二）风险经理软实力测评系统在风险经理绩效考核体系中的
应用

绩效 = 结果 + 过程，基于软实力模型的绩效管理除了以结果为导向，关
注短期绩效外，还关注当前与未来的绩效。因此，风险经理软实力测评系统
可应用于商业银行风险经理的绩效考核体系中，构建业绩指标加过程考核相
结合的绩效考核体系（见图 12.4）。在年度考核中，引入领导力测评，从而
较好地界定风险经理在完成绩效过程中的素质展现情况，鼓励在岗风险经理
不断提高自己的领导力水平，进而提升银行绩效。

（三）风险经理软实力测评系统在风险经理培训与开发中的应用

基于软实力模型，使用风险经理软实力测评系统结果，可进一步设计更
有针对性的风险经理培训方案，对风险经理进行特定职位的关键领导力的培
养，提高其任职绩效（见图 12.5）。改变传统的面向适应岗位要求的技能培

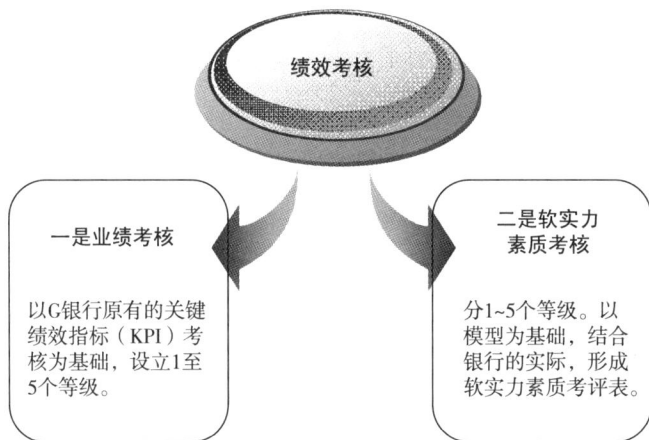

图 12.4　核心岗位软实力测评系统在绩效考核体系中的应用

训方式，建立基于软实力模型的风险经理培训体系，通过培训增强任职者取得高绩效的能力、适应未来环境的能力和领导力发展潜能。

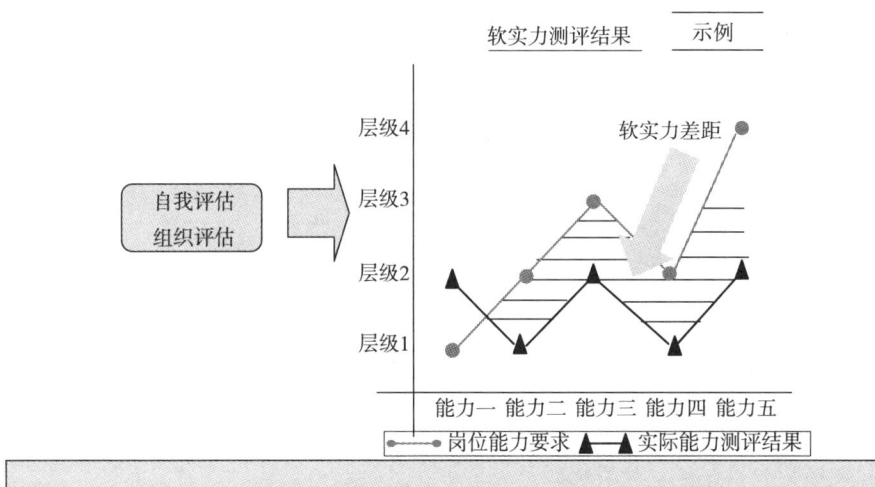

图 12.5　核心岗位软实力测评系统在培训中的应用

（四）风险经理软实力测评系统在后备风险经理选拔中的应用

后备干部的选拔是保障银行业务可持续性发展的战略举措。采用风险经

理软实力测评系统，可加大系统在后备风险经理管理中的使用范围，通过客观评价候选人能否胜任拟提拔的岗位，定期审核高潜质人才，从而确定能够迎接未来挑战的精英，为银行创造最大价值（见图12.6）。

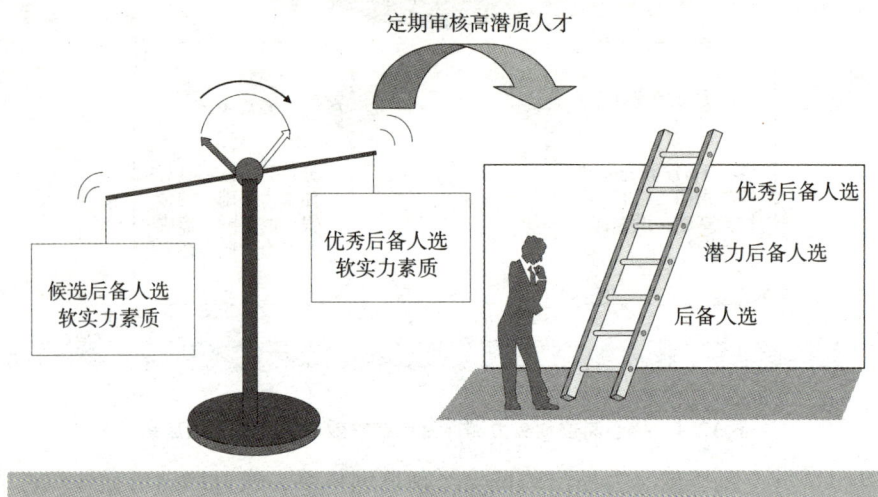

图12.6　核心岗位软实力测评系统在后备人才选拔中的应用

第十三章 中外商业银行风险经理对比以及启示

本章提要 "他山之石，可以攻玉。"笔者在北美访学时非常关注国外商业银行可以借鉴的经验与教训。为促进现代风险管理的理念、制度和技术方法在中国新兴的风险经理们之间的交流，本章对中外商业银行风险经理进行了比较，期望通过借鉴当前国际金融界风险管理的最佳做法和最新发展，探讨风险经理提升风险管理水平的路径。

一、西方商业银行的风险经理制

风险经理制（Risk Manager System）是西方商业银行管理的一个主要制度设计，也是西方商业银行全面风险管理体系的主要组成部分。①

（一）推行风险经理制的目的

西方商业银行推行风险经理制，主要着眼于以下五个方面：

（1）可以对商业银行所面临的各类风险进行细分和定位，使每一类风险都有专人负责监管，使每个风险管理岗位都有明确的专职分工和责任认定。

（2）可以对商业银行的各项主要业务进行全方位、全过程的风险监控和风险把关，使得风险管理工作制度化、规范化、系统化。

（3）有助于培养良好的风险文化，逐步将风险意识融入所有银行员工的思想和行动中。

---

① 陈显忠. 西方商业银行的风险经理制 ［EB/OL］.（2007-01-30）. http：//www. china value. net/Finance/Article/2007-1-30/55580. html.

（4）有助于推动风险监控的垂直化、条线化管理。

（5）有助于提高商业银行风险管理的专业化水平。

（二）风险经理的职能定位

西方商业银行风险经理（Risk Manager）是指对商业银行各项业务和资产进行专业化的风险识别、分析、评估、控制、管理和处置的专业风险管理人员。这些专业人员根据商业银行的风险战略目标和风险偏好，按照各自的岗位职责和授权权限，具体专门从事风险识别、风险计量、风险评价、风险监测、风险报告和风险补偿等工作，实现商业银行对各业务条线、各个经营部门、各个操作岗位上表现出来的信用风险、市场风险、操作风险和流动性风险等的监督、检查、评价、控制和管理。

（三）风险经理的基本职责

（1）识别本部门或本系统条线的风险，拟定相关的风险管理制度。

（2）对本部门或本系统条线的风险管理进行指导和检查，督促各岗位风险职责的落实。

（3）监测分析本部门或本系统面临的主要风险，收集、整理各类风险监测的指标数据，对本部门或本系统的风险状况定期进行评估。

（4）拟定本部门或本系统的风险监测报告，向风险管理部门和派驻部门负责人报告风险监测情况。

（四）职能风险经理和业务风险经理的职责分工

西方商业银行将风险经理分为两大类，即职能风险经理（Functional Risk Manager）和业务风险经理（Business Risk Manager）。

1. 职能风险经理

职能风险经理是风险管理部门负责对业务部门或其他风险管理部门的风险管理职能进行综合评价和监督检查的人员。职能风险经理对业务人员的风险控制提供业务指导和技术援助，具体来讲，就是从全行风险管理的角度，对前台对公、对私和资金交易等三大业务的信用、市场和操作风险以及其他重要部门的经营风险进行全面监控。职能风险经理主要是发挥商业银行风险管理的第二

道防线的功能，而不是具体替代业务部门发挥第一道风险管理防线的职能。

职能风险经理可以分为两种情况。

（1）内设在风险管理部门的职能风险经理，负责宏观层面的风险控制，应用先进的风险控制工具和技术，通过电子化的信息系统，对各业务条线、各个分支机构实施垂直化、专业化的风险控制，进行全程监控和实时监控，关注重大的金融风波、行业变化、突发事件等异常情况对商业银行产生的影响，发现风险信号，揭示风险程度，解释风险内涵，报告风险状况，发出风险预警，提出风险处置和风险转移的对策，供决策参考。

（2）外派职能风险经理，由风险管理部门派驻到各个业务部门和各个分支机构。其主要任务是对各个业务部门和分行的风险管理和控制情况进行全面地了解、调研和独立监控，并检查和监督业务风险经理执行风险控制的合规性、合法性和职责的情况。在西方商业银行的前台三大业务总部、预算财务部和信息技术部设置风险管理总部委派的职能风险经理。

2. 业务风险经理

业务风险经理是指在业务部门或授信部门和财务部门内部设立的、对本部门直接进行风险控制的风险管理人员。其主要任务是，从业务部门角度负责全业务流程的风险控制，根据业务品种来审视风险。业务和授信部门的风险经理负责对各类客户信用风险具体评级、项目贷款评估、信贷业务审批等单笔业务的风险评估和管理；财务部的风险经理负责调节经济资本金在业务条线和金融产品上的合理配置、负责资产负债和全行流动性风险管理。

业务风险经理的职能可以分两类：一类是在前台业务部门以从事风险识别、风险计量为主，控制操作风险的业务风险经理；另一类是在授信审批部门以从事风险识别、风险评级为主，负责控制信用风险和市场风险的业务风险经理，即授信风险经理。

在客户经理竞争客户时，为了便于与中台审批人员的协调，加强与风险经理的沟通和理解，需要在各个业务部门和营运机构设立与职能风险经理分离的业务风险经理。业务风险经理同客户经理及产品经理共同参与日常业务过程中的风险控制，在信用风险，市场风险及操作风险的评估、度量、控制和管理之中，强化对各个业务流程和各个业务环节的风险点的控制，通过相互合作和沟通，在风险、成本、效益的统一计量和风险可控的能力范围内，

使其从业务的初始阶段即对风险有共同的认识。

（五）派出风险经理的组织及报告关系

西方商业银行风险经理由风险管理部门派出，向风险管理部门负责并接受其业务指导。在任职资格的核准上，由风险管理部门和人力资源部门共同确认或审查。在业绩考核和薪酬考核上，由风险管理部门决定。在风险报告上，采取双线报告形式，即将本系统的风险状况向风险管理部门负责人报告的同时，向派驻部门负责人通报。

二、国外商业银行风险管理经验借鉴

（一）培养全面风险管理理念

全面风险管理已经成为国外商业银行一个普遍接受和使用的概念。这也应成为中国商业银行风险的努力方向。对全面风险管理的理解通常包括"全范围"、"全流程"和"全员参与"三个方面。[①]

所谓的"全范围"，指的是风险管理应该涵盖所有的业务、所有的风险种类，强调全口径包括本外币和表内外的风险管理范围，覆盖商业银行面临的各种风险，包括信用风险、市场风险、操作风险、流动性风险、合规风险和法律风险等。所谓的"全过程"，指的是对各种业务从发起到终结实现全过程的风险管理监控。所谓的"全员参与"，指的是要求全行共同承担整体风险管理目标，上自董事会、下至每一名员工都承担相应的风险管理职责。

如表13.1所示，银行全面风险管理所包括的范围非常广泛。主要包括以下风险的管理。

表 13.1 商业银行风险的主要类别

类别	分类	特征	重要内容	备注
信用风险	违约风险 结算风险	非系统性风险特征	既存在于表内业务也存在于表外业务，还存在于衍生产品交易中	与市场风险相反，观察数据少，不易获取

---

① 黄志凌. 全面风险管理：模式选择［J］. 中国金融，2007（17）.

续表

类别	分类	特征	重要内容	备注
市场风险	利率风险 股票风险 汇率风险 商品风险	1. 具有数据优势且易于计量 2. 具有明显的系统性风险	利率风险尤为重要	与市场风险相反，观察数据少，不易获取
操作风险	人员、系统、流程、外部事件	1. 具有普遍性 2. 非营利性	内部、外部欺诈，聘用员工等七种表现形式	存在范围广
流动性风险	资产流动性风险 负债流动性风险	流动性不足导致发生流动性危机	是一种多级风险，流动性风险管理水平体现了商业银行的整体经营管理水平	比市场风险、信用风险、操作风险的形成原因更加复杂广泛
国家风险	政治风险 社会风险 经济风险	1. 发生在国际金融活动中 2. 无论政府、个人、企业、银行都可能遭受国家风险	由债务人所在国家的行为引起的，超出了债权人控制范围	产生国家风险的因素很多
声誉风险		负面事例，如意外事件市场表现、商业银行的政策调整	对经济价值最大的威胁	所有风险都会影响声誉风险
法律风险	外部合规风险 监管风险	特殊类型	金融合约无法受法律保护；法律法规滞后；各种犯罪行为的威胁等	
战略风险		多维的风险空间和体系	具有双重含义	将各类风险的潜在损失控制在可接受范围内

资源来源：百度百科。

1. 市场风险

市场风险是指因市场的变化而使得投资者不能获得预期收益的风险，包括价格或利率、汇率等经济原因而产生的不利波动。除了股票、利率、汇率和商品价格的波动影响，市场风险还包括融券成本风险、股息风险和关联风险。

2. 信用风险

信用风险是指合同的一方不履行义务的可能性，包括贷款、掉期、期权

及在结算过程中的交易对手违约带来损失的风险。银行在签订贷款协议或者进行授信时，就会面临信用风险。通过风险管理控制以及要求对手保持足够的抵押品、支付保证金和在合同中规定净额结算条款等程序，可以最大限度地降低信用风险。

3. 操作风险

操作风险是指因交易或管理系统操作不当引致损失的风险，包括因业务经营管理的内部控制失效及内部人员失误、欺诈、未及时采取措施而导致损失的风险。操作风险可以通过正确的管理程序得到控制，如完整的账簿和交易记录，基本的内部控制和独立的风险管理，强有力的内部审计部门（独立于交易和收益产生部门），清晰的人事限制和风险管理及控制政策。巴林银行及大和银行的损失都源于其操作风险管理失当。

4. 其他风险

其他风险包括流动性风险、声誉风险等。流动性风险防范主要考虑存款余额，确保银行流动性充裕。声誉风险主要是外部信息可能对银行的声誉造成不利影响。

（二）注重培养风险管理文化

在发展和壮大的过程中，欧美商业银行普遍重视培育并传承统一的风险管理文化。以美国银行为例，该行高度统一的风险文化对风险与报酬管理的行动和决策起到了重要导向作用。美国银行核心的风险理念体现在四个方面。一是采取个人责任制。所有员工均应在工作中承担风险与报酬管理责任，各员工的业绩考核内容应包括评估其责任的履行情况。二是合规。这是风险文化价值观的核心和开展业务的方式。全体员工必须遵守所有的法律规章、职业道德标准、公司内部政策和程序。三是强调道德规范在风险防范中的基础作用。所有员工要保护美国银行的声誉并使自己的行为符合道德规范，将道德规范作为一项聘用条件加以确认，并通过员工培训、沟通和内联网强化道德规范。四是以事实为依据。强调有一个开放、公正、以事实为依据的风险讨论方法，所有已知事实和信息必须在进行讨论和决定风险与报酬决策时公开。

（三）兼顾效率与成本

在风险管理的流程方面，国外商业银行高度重视对关键风险点的控制，在系统梳理业务流程的基础上，美国银行对业务流程中的操作风险点进行了识别与自评，区分出关键风险点和一般风险点。将风险管理资源集中在对关键风险点的控制上，对一般风险点主要依靠道德规范、合规管理进行控制，这样既达到了风险控制的目标，又降低了风险管理的成本。美国银行风险管理的流程分为规划、执行、评估三个环节，其中，评估环节的输出结果又作为规划环节的输入，为规划提供建议，以优化风险管理规划。风险管理的三个环节共同构成一个循环，每循环一次，风险管理体系就改进一次。

（四）健全的风险职责体系

国外商业银行强调前台、中台、后台都要参与风险管理，强调风险管理的"四眼"原则。"四眼"原则，即客户经理与风险经理共同面对客户，公司业务部门与风险管理部门相互配合，通过岗位制衡、风险共担、利益共享，共同构成职责分明的业务拓展与风险防范的团队。美国银行设置了三道风险防线。业务单元承担执行银行风险管理政策的首要职责，构成风险管理的第一道防线；风险管理部门负责制定全行统一的风险管理政策和标准，是风险管理的第二道防线；内部审计部门则构成风险管理的第三道防线。

（五）进一步完善信息技术平台

以美国银行为例，该行的风险管理信息技术平台包括三个层次。第一层次为各类信息数据的归集，如提供外部股市、汇市等市场行情的路透资讯系统，提供行业信息的外部数据，银行内部交易数据等。第二层次为内外部信息技术的加工处理，即各类风险的测算和计量，具体又包括风险监测系统和历史数据分析系统，这两个系统的数据汇总后，经过风险组合分析系统可以算出相应的风险结果。第三层次为风险信息的输出，经过第二层次的监测和计量各类风险结果在此层次反映，包括信用风险价值（VAR）、客户违约率（PD）、违约损失率（LGD）及预期损失（EL）等。通过完善的信息技术平台，银行业风险管理水平已经上升到一个全新阶段。

　　展望未来，中国银行业风险经理将发挥更大的作用。在以客户为中心、以市场为导向的银行经营原则要求下，风险经理们可以充分发挥专业优势，合理运用风险管理技术，明确权限，分清职责，加强制约和监督，推动风险管理成为网点、部门和条线在业务发展中的自发协调和自觉实践，最终实现对所有业务全流程、多维度、立体化的实时风险管理和适度超前控制，达到风险可控前提下的业务可持续发展。[①]

---

　① 此段综合参考百度文库。

参 考 文 献

［1］安德鲁·杜伯林. 领导艺术［M］. 贺平等译. 沈阳：辽宁教育出版社，1999.

［2］安鸿章. 成功企业的人力资源管理系统［J］. 中国人力资源开发，2000（4）：17～19.

［3］安娜蓓尔·碧莱尔. 领导与战略规划［M］. 赵伟译. 北京：机械工业出版社，2000.

［4］柴卫平，沈志红. 完善基层商业银行激励机制的建议［J］. 新金融，2002（3）：23～25.

［5］陈春霞. 行为经济学和行为决策分析：一个综述［J］. 经济问题探索，2008（1）.

［6］陈国权，刘春红. 团队组织模型：构建中国企业高效团队［M］. 上海：上海远东出版社，2003.

［7］陈洪. 胜任特征模型在供电企业人力资源管理中的应用研究［D］. 北京：华北电力大学，2005.

［8］陈慧. 有效领导行为实证研究［J］. 北京邮电大学学报：社会科学版，2006（10）.

［9］陈云川，雷轶. 胜任素质研究与应用综述及发展趋向［J］. 科研管理，2004，25（6）：141～144.

［10］崔毅，殷明. 企业人力资源管理评估体系探析［J］. 经济师，2001（8）：24～26.

［11］大卫·A. 惠顿，金·S. 卡梅伦. 管理技能开发（第七版）［M］. 北京：清华大学出版社，2008：140～141.

［12］戴维·D. 杜波依斯，威廉·罗思韦尔. 基于胜任力的人力资源管理［M］. 于广涛等译. 北京：中国人民大学出版社，2006.

［13］方庆来. 漫议领导风格［J］. 领导艺术，2007（7）.

［14］方永瑞. 基于胜任力的人力资源管理模式研究［D］. 长春：东北大学，2005.

［15］冯庆，金涌，王奋强. 创业激情燃烧在每个招行人心中［J］. 深圳特区报（纪念改革开放30周年特别报道），2008（2）：A5.

［16］谷靖. 广东省银行职员工作——个体匹配对工作倦怠的影响研究［D］. 广州：华南师范大学，2006.

［17］韩建立. 实施基于胜任力的企业员工培训［J］. 今日科技，2003（3）：42～43.

［18］亨利·明茨伯格. 领导［M］. 思铭译. 北京：中国人民大学出版社，2000.

［19］侯杰泰，温忠麟，成子娟. 结构方程模型及其应用［M］. 北京：教育科学出版社，2004.

［20］胡显勇. GT在作文评分误差控制中的初步应用［J］. 心理科学，1994，17（2）：85～87.

［21］胡晔，黄勋敬. 国内上市银行薪酬制度对国有商业银行的启示［J］. 广东金融学院学报，2006（8）：35～39.

［22］黄庆宇. 国有商业银行员工职业生涯管理的研究［D］. 厦门：厦门大学，2002.

［23］黄勋敬. 赢在胜任力——基于胜任力的新型人力资源管理体系［M］. 北京：北京邮电大学出版社，2007.

［24］黄勋敬. 领导力模型与领导力开发［M］. 北京：北京邮电大学出版社，2008.

［25］黄勋敬，李光远，张敏强. 商业银行行长胜任力模型研究［J］. 金融论坛，2007（7）：3～12.

［26］黄勋敬，张敏强. 商业银行行长胜任力模型追踪研究［J］. 金融论坛，2008（7）：16～22.

［27］黄勋敬. 商业银行行长胜任力测评量表的编制及应用研究［J］.

金融论坛，2009（5）：12～16.

［28］黄勋敬，张敏强．基于胜任力模型的现代商业银行人力资源管理体系分析［J］．管理现代化，2007（1）：7～10.

［29］黄勋敬，胡晔．国有商业银行员工工作倦怠现状及对策实证研究［J］．金融论坛，2007（1）：11～17.

［30］黄勋敬，欧文周．商业银行推行岗位绩效工资制的实践与探索［J］．中国人力资源开发，2006（7）：46～48.

［31］黄勋敬．E 时代：人力资源管理的战略革命［J］．IT 经理世界，2001（6）：42～44.

［32］江海燕．岗位胜任力评价研究［D］．南京：河海大学，2005.

［33］蒋奖，张西超，许燕．银行职员的工作倦怠与身心健康、工作满意度的探讨［J］．中国心理卫生杂志，2004，18（3）：197～199.

［34］蒋敏．航天系统科研人员胜任力模型探讨——以航天 A 所科研人员为例［D］．北京：首都经济贸易大学，2004.

［35］焦璨，金悦，吴雷，张敏强，张文怡．中国 IT 业从业人员非技能胜任素质测评系统的研发报告［J］．心理科学，2008，31（1）：222～226.

［36］库泽斯，波斯纳．领导力［M］．李丽林，杨振东译．北京：电子工业出版社，2004.

［37］李超平，时勘．优势分析在组织行为学研究中的应用［J］．数理统计与管理，2005，24（6）：44～48.

［38］李春，许娜．行为金融学理论的形成发展及研究困难［J］．时代金融，2007（11）.

［39］李莉．胜任能力体系的发展与应用研究［D］．武汉：武汉大学，2003.

［40］李敏．人力资源管理与企业绩效的关系［J］．广东社会科学，1999（5）：54～58.

［41］李明斐，卢小君．胜任素质与胜任素质模型构建方法研究［J］．大连理工大学学报：社会科学版，2004（2）：28～32.

［42］李焱．勇于为中国的金融改革探路［J］．深圳特区报（纪念改革开放 30 周年特别报道），2008（2）：A5.

［43］李之卢．胜任力建模研究［J］．北京理工大学学报：社会科学版，2005（3）：34～35．

［44］梁建春，时勘．组织的核心胜任素质理论及其人力资源管理［J］．重庆大学学报：社会科学版，2005，11（4）：15～17．

［45］梁开广，邓婷，许玉林，付亚和．评价中心法在评价中心管理潜能中的应用及其结构效度检验［J］．应用心理学，1992，7（4）：50～57．

［46］梁楠．国有商业银行员工职业生涯管理研究［D］．重庆：重庆大学，2005．

［47］刘延喜．关于青年干部提高组织协调能力的思考［J］．河南税务，2000（4）：10～12．

［48］陆红军．情景模拟测评法在我国管理干部选拔中的应用研究［J］．心理科学通讯，1986（2）：43～48．

［49］卢纹岱．SPSS for Windows 统计分析［M］．北京：电子工业出版社，2002．

［50］罗伯特·H. 罗森，保罗·B. 布朗．领导的艺术［M］．天津编译中心组译．北京：国际文化出版公司，2000．

［51］罗明忠．商业银行的特点及其人力资源管理的特殊性［J］．华南金融研究，2003（3）：36～40．

［52］罗明忠．商业银行人力资源供给与需求及其均衡研究［D］．广州：暨南大学，2004．

［53］吕国荣．小故事大管理［M］．北京：中国经济出版社，2005．

［54］彭逼眉．胜任力模型及其在人才选拔中的应用［D］．武汉：武汉大学，2004．

［55］彭剑锋．人力资源管理概论［M］．上海：复旦大学出版社，2005．

［56］濮雪镭．基于技能与能力的薪酬设计研究［D］．成都：西南财经大学，2006．

［57］任长江．美国企业的领导力开发实践［J］．人才资源开发，2004（12）．

［58］史蒂芬·柯维．高效能人士的七个习惯［M］．北京：中国青年出版社，2002．

［59］时勘．基于胜任特征模型的人力资源开发［J］．心理科学进展，2006，14（4）：586～595．

［60］时勘，侯彤妹．关键事件访谈的方法［J］．中外管理导报，2002（3）：34～55．

［61］时勘，李超平．领导者胜任素质评价的理论与方法［J］．人力资源开发，2001（5）：33～35．

［62］时勘，王继承，李超平．企业高层管理者胜任特征模型评价的研究［J］．心理学报，2002，34（2）：193～199．

［63］石真语．软实力——塑造一流企业必须打造的另一只翅膀［M］．北京：中国电力出版社，2010．

［64］史美毅．评价中心——人事选用的新技术［J］．应用心理学，1986，3（2）：15～17．

［65］舒葶．商业银行客户经理胜任力的研究［D］．重庆：重庆大学，2007．

［66］孙伯灿，朱鹰，宋浩，宋安平．商业银行人力资源管理中的忠诚问题研究［J］．金融研究，2001（11）：19～22．

［67］唐京．基于胜任力的培训需求分析模式研究［D］．杭州：浙江大学，2001．

［68］唐宁玉．三种心理测量理论的信度观［J］．心理科学，1994，17（1）：33～38．

［69］王重鸣．管理与人事心理学研究与理论体系的新进展［J］．应用心理学，1988，3（4）：1～6．

［70］王重鸣，陈民科．管理胜任素质特征分析：结构方程模型检验［J］．心理科学，2002，25（5）：513～516．

［71］王继承．谁能胜任——胜任模型及使用［M］．北京：中国财政经济出版社，2004．

［72］王进．基于胜任力的企业员工培训研究［D］．南京：河海大学，2006．

［73］王峻松．IBM如何打造领导力［J］．通信企业管理，2004（5）．

［74］王瑞闯．基于胜任特征的战略人力资源管理研究［D］．济南：山

东大学，2006.

　　[75] 王旭丹. 国有商业银行人力资源管理制度存在的问题及对策 [J].
财经问题研究，2002 (6)：28～29.

　　[76] 王银娣. 人才测评在选拔培养建设银行领导人员后备人才中的应用
[D]. 南京：南京理工大学，2006.

　　[77] 王永丽，时勘. 上级反馈对员工行为的影响 [J]. 心理学报，
2003，35 (2)：255～260.

　　[78] 温忠麟，邢最智. 现代教育与心理统计技术 [M]. 南京：江苏教
育出版社，2001.

　　[79] 温忠麟，侯杰泰，张雷. 调节效应与中介效应的比较和应用 [J].
心理学报，2005，37 (2)：268～274.

　　[80] 伍顿，詹姆森. 全力以赴：让每一个人激情飞扬 [M]. 姚颖，黄
沛译. 北京：人民邮电出版社，2006.

　　[81] 吴凉凉. 企业管理干部职务分析 [J]. 应用心理学，2003 (3)：
12～16.

　　[82] 武龙，黄勋敬. 商业银行核心员工的留用策略 [J]. 南方金融，
2006 (11)：25～27.

　　[83] 吴孟捷. 职业营销经理胜任特征模型研究 [D]. 北京：首都经济
贸易大学，2003.

　　[84] 吴明隆. SPSS 统计应用实务 [M]. 北京：中国铁道出版社，2000.

　　[85] 吴能全，许峰. 胜任能力模型设计与应用 [M]. 广州：广东经济
出版社，2006.

　　[86] 夏济宏. 新时期工商银行人力资源管理及激励机制变革 [J]. 金
融论坛，2001 (2)：43～46.

　　[87] 小罗伯特·G. 海格士多姆. 沃伦·巴菲特之路 [M]. 北京：清华
大学出版社，2007.

　　[88] 谢勇：三联集团济南家电商场员工职业生涯管理研究 [D]. 济南：
山东大学，2003.

　　[89] 徐长江. 工作倦怠：一个不断扩展的研究领域 [J]. 心理科学进
展，2003，11 (6)：680～685.

［90］徐建平．教师胜任力模型与测评研究［D］．北京：北京师范大学，2004.

［91］徐鹏，陈梅春．试论国有商业银行人力资源管理体制的再造［J］．西部论丛，2001（11）：10～13.

［92］严正，翟胜涛，宋争．管理者胜任素质［M］．北京：机械工业出版社，2008.

［93］杨帆．高层管理者胜任力建模案例研究［J］．人类工效学，2005（3）：54～56.

［94］杨国安．动荡环境中的企业转型和领导力开发［DB/OL］．中华管理精粹，http：//www.sba.com.cn/.

［95］杨涛杰．保险行业营销员胜任特征模型构建［D］．开封：河南大学，2007.

［96］杨壮．中国企业家的领导风格特征分析［J］．商务周刊，2007（5）.

［97］余世维．领导商数［M］．北京：北京大学出版社，2005.

［98］约瑟夫·奈．美国霸权的困惑：为什么美国不能独断专行［M］．北京：世界知识出版社，2002.

［99］岳振英．试论商业银行客户导向营销［J］．现代商业，2007（20）：142～144.

［100］曾庆怀．某企业构建宽带薪酬体系案例分析［J］．人才资源开发，2006（6）：39～40.

［101］张崇强，罗平．胜任素质模型的运用分析［J］．商业时代，2004（21）：23～24.

［102］章国华．职业银行家的胜任力要素［J］．浙江金融，2004（1）：31～32.

［103］张蕾．胜任特征模型在人力资源管理中的实践探讨［D］．北京：对外经济贸易大学，2006.

［104］张敏强．教育与心理统计学［M］．北京：人民教育出版社，2002.

［105］张衢．掀起银行的盖头［M］．吉林：吉林科学技术出版

社，2008.

[106] 张旭，张爱琴．企业组织发展与员工职业生涯管理 [J]．中国人力资源开发，2005 (3)：65～67.

[107] 张月玲．宽带薪酬制度设计及其应用 [J]．现代财经，2006 (7)：41～44.

[108] 赵海霞，闫景明．企业人力资源管理评价体系及其概念模型[J]．经济师，2003 (6)：34～37.

[109] 赵辉．中国地方党政领导干部胜任力模型与绩效关系研究 [D]．成都：西南交通大学，2007.

[110] 赵曙明．我国管理者职业化胜任素质研究 [M]．北京：北京大学出版社，2008.

[111] 仲理峰，时勘．胜任特征研究的新进展 [J]．南开管理评论，2003 (2)：26～33.

[112] 仲理峰，时勘．家族企业高层管理者胜任特征模型的评价研究 [J]．心理学报，2004，36 (1)：110～115.

[113] 钟尧君．基于胜任力的企业高级管理人员培训体系的构建 [J]．嘉兴学院学报，2006 (6)：92～95.

[114] 邹燕，郭菊娥．行为金融学理论研究体系及展望 [J]．宁夏大学学报：人文社会科学版，2007 (11)．

[115] 黄勋敬．从胜任到卓越——商业银行行长领导力模型 [M]．北京：中国金融出版社，2009.

[116] 王陵峰，龙静，黄勋敬．员工创造力影响因素新探 [J]．软科学，2011 (10)．

[117] 中国人力资源开发编辑部．软实力标准：卓越高管的标杆——访中国工商银行总行人力资源提升项目专家黄勋敬博士 [J]．中国人力资源开发，2010 (1)．

[118] 黄勋敬，赵曙明．商业银行行长素质与绩效关系研究 [J]．金融论坛，2011 (3)．

[119] 黄勋敬，赵曙明．中资商业银行行长胜任特点研究 [J]．金融论坛，2011 (3)：33～39.

［120］黄勋敬. 基于胜任力的人力资源管理体系创新［J］. 中国行政管理, 2011（4）.

［121］黄勋敬, 杨洁. 外派归国人员忠诚度培养策略研究［J］. 管理现代化, 2010（4）: 12～14.

［122］黄勋敬, 赵曙明. 基于公文筐测验的商业银行高层管理人员选拔研究——以商业银行高级人力资源经理岗位为例［J］. 管理学报, 2011, 8（6）.

［123］黄勋敬. 企业员工价值动态评估系统研究——构建"岗位、能力与绩效"三位一体的评估体系［J］. 中国人力资源开发, 2010（5）: 24～28.

［124］黄勋敬. 金融危机背景下的商业银行培训体系建设［J］. 金融管理与研究, 2009（6）.

［125］胡晔, 黄勋敬. 基于人岗匹配的商业银行员工职业倦怠研究［J］. 现代商业银行导刊, 2008（10）.

［126］黄泽娟, 黄勋敬. 基于胜任力模型的商业银行客户经理选拔体系探析［J］. 金融管理与研究, 2008（6）.

［127］黄勋敬, 张敏强. 基于 KPI 和行为考核的部门绩效管理体系设计——以某商业银行广东省分行为例［J］. 人力资源管理, 2008（1）.

［128］黄勋敬, 孙海法. 外派经理孤独感的根源及干预措施研究［J］. 中国人力资源开发, 2008（1）.

［129］陈梦竹, 黄勋敬. 国际先进企业基于胜任力的后备人才管理制度案例分析［J］. 金融管理与研究, 2007（11）.

［130］黄勋敬, 李光远. 基于胜任力视角的现代商业银行员工培训与开发［J］. 广东金融学院学报, 2007（5）.

［131］黄勋敬, 孙海法. 我国跨国企业外派人员薪酬问题研究［J］. 中国人力资源开发, 2007（6）.

［132］武龙, 黄勋敬. 商业银行核心员工的留用策略［J］. 南方金融, 2006（11）.

［133］黄勋敬. 赢在胜任力［M］. 北京: 北京邮电大学出版社, 2007.

［134］黄勋敬. 突破卓越: 基于领导力模型的银行行长领先之道［M］.

北京：中国金融出版社，2012.

［135］王华玉. 我国商业银行客户经理制再造研究［M］. 北京：首都经济贸易大学出版社，2004.

［136］许世琴. 我国商业银行风险经理与客户经理的有效协作研究［J］. 财会研究，2009（2）.

［137］许世琴. 商业银行风险经理队伍存在的问题与对策［J］. 经济问题，2007（10）.

［138］许世琴. 我国商业银行风险经理制运作环境研究［J］. 经济问题，2008（3）.

［139］汪竹松. 我国商业银行风险经理制度若干问题的探索［J］. 新金融，2005（4）.

［140］魏钧，张德. 商业银行风险经理胜任力模型与层级结构研究［J］. 管理世界，2007（6）.

［141］黄志东. 浅议风险经理制在商业银行中的应用［J］. 内蒙古电大学刊，2007（9）.

［142］黄仕雄. 关于建立基层行信贷风险经理管理机制的探讨［J］. 广西农村金融研究，2006（1）.

［143］麦克学. 细化风险经理职责的办法［J］. 广西农村金融研究，2006（3）.

［144］王琳. 风险经理制：银行风险管理的有效手段［J］. 时代金融，2005（7）.

［145］约瑟夫·S. 奈. 硬实力与软实力［M］. 北京：北京大学出版社，2005.

［146］彼得·德鲁克. 德鲁克管理经典著作集［M］. 王永贵译. 北京：机械工业出版社，2005.

［147］彼得·德鲁克. 创新与创业家精神［M］. 蔡文燕译. 北京：机械工业出版社，2007.

［148］赵曙明. 我国管理者职业化胜任素质研究［M］. 北京：北京大学出版社，2008.

［149］邓霞. 试论当前农行风险经理制度存在的问题和对策［J］. 广西

农村金融研究，2005（5）．

　　［150］刘静．商业银行风险经理胜任力模型研究［D］．沈阳：东北大学，2007．

　　［151］崔志杰．商业银行实行风险经理委派制刍议［J］．中国证券期货，2011（7）．

　　［152］周学．应强化农发行风险经理的法律意识［J］．现代金融，2011（3）．

　　［153］王蕾．农行贵州省分行营业部加强风险经理队伍作风建设［J］．贵州农村金融，2009（11）．

　　［154］王爱寿．培养高素质队伍　提升企业软实力［J］．供电企业管理，2011（1）．

　　［155］王会生．着力提升企业软实力［J］．企业文明，2009（12）．

　　［156］唐双宁．提升中国金融"软实力"问题［J］．银行家，2009（4）．

　　［157］孙琰，孙连仲．强化"软实力"建设，为建设中国特色社会主义而努力［J］．宝鸡社会科学，2007（4）．

　　［158］刘再起．加强中国软实力建设与发展战略研究［J］．武汉学刊，2007（5）．

　　［159］张洁云．打造中国文化软实力［J］．江海纵横，2008（1）．

　　［160］张曙明．大力提高国家文化软实力［J］．江东论坛，2008（1）．

　　［161］翁贵年．对提高国家文化软实力的几点认识［J］．江东论坛，2008（1）．

　　［162］付文茂．浅谈文化软实力建设［J］．江西蓝天学院学报，2008（2）．

　　［163］陆继鹏．软实力与中国对东南亚外交［J］．东南亚之窗，2007（2）．

　　［164］黄振平．创建国家级文化品牌　提升文化软实力［J］．江海纵横，2008（4）．

　　［165］艺衡．文化主权学说与当前国家文化软实力发展战略的理论构建［J］．南方论丛，2009（2）．

［166］霍桂桓．关于软实力的几点哲学思考［J］．南方论丛，2010
（1）．

［167］彭立勋，乌兰察夫．提升文化软实力，增强城市核心竞争力[J]．
南方论丛，2008（1）．

［168］吕建云，秦燕燕．略论我国国家软实力的提升空间［J］．重庆科
技学院学报：社会科学版，2011（18）．

［169］王沪宁．作为国家实力的文化：软权力［J］．复旦学报：社会科
学版，1993（3）．

［170］庞中英．中国软力量的内涵［J］．瞭望新闻周刊，2005（45）．

［171］阮宗泽．软实力与硬实力［N］．人民日报，2004－02－13.

［172］王利文，宫玉涛．中国软实力的资源、效用与局限性分析［J］．
哈尔滨市委党校学报，2008（6）．

［173］胡南．国家软实力的指标体系研究［J］．长春工业大学学报：社
会科学版，2010（1）．

［174］张勇，王树林．软实力与硬实力：一个新的分析框架［J］．重庆
工商大学学报：社会科学版，2009（4）．

［175］朱洪良．中国传统文化与构建文化软实力研究［D］．天津：天津
大学，2010.

［176］沈壮海．文化如何成为软实力［J］．中国人才，2011（15）．

［177］曹园园，陈兴丽，杨绍安．提升国家文化软实力论析［J］．科教
导刊（中旬刊），2011（8）．

［178］陈欢．中国软实力研究分析：兴起、视角与趋势［D］．广州：暨
南大学，2010.

［179］李效东．软实力与硬道理［J］．北京交通大学学报：社会科学
版，2009（3）．

［180］任晓东．全面提高国家文化软实力［J］．沧桑，2009（1）．

［181］陈爱文，郑爱花．提高文化软实力的意义及路径［J］．重庆科技
学院学报：社会科学版，2008（12）．

［182］黄意武．提升我国文化软实力建设初探［J］．重庆社会主义学院
学报，2010（1）．

〔183〕何事忠．提升软实力发展战略研究纲要〔J〕．重庆社会科学，2008（3）．

〔184〕李彬．论提升软实力的价值意蕴〔J〕．重庆工商大学学报：社会科学版，2008（1）．

〔185〕刘斌．提升文化"软实力"是银行发展"硬道理"〔J〕．长三角，2010（4）．

〔186〕刘光宇．创意提升软实力〔J〕．共产党人，2011（11）．

〔187〕赖红卫．传统文化与提升国家软实力的思考〔J〕．科技信息，2011（19）．

〔188〕宋洋洋．文化软实力研究综述〔J〕．魅力中国，2010（14）．

〔189〕侯迎欣．提升中国文化软实力的一些思考〔J〕．理论与当代，2010（4）．

〔190〕朱兆香．"文化软实力"界说〔J〕．世纪桥，2010（1）．

〔191〕约瑟夫·奈，陆斌．"软实力"与国家的强大〔J〕．书摘，2003（8）．

〔192〕唐双宁．加强金融文化建设——实现由金融硬实力平面扩张的金融大国向金融软实力立体提升的金融强国转变（上篇）〔J〕．中国金融家，2011（9）．

〔193〕齐建晖．科学发展是"硬实力"与"软实力"的统一论——由中国GDP排名世界第二引起的思考〔J〕．经济研究导刊，2011（22）．

〔194〕李政．刍谈文化软实力和生产硬实力〔J〕．科技创业月刊，2011（2）．

〔195〕谢素芳．文化是软实力也是硬实力〔J〕．中国人大，2010（9）．

〔196〕董漫远．改革开放与中国硬软实力的构建〔J〕．国际问题研究，2008（6）．

〔197〕武铁传．论软实力与硬实力的辩证关系及意义〔J〕．理论导刊，2009（5）．

〔198〕张勇，王树林．软实力与硬实力：竞争力评价的一个新理论框架〔J〕．黑龙江社会科学，2009（4）．

〔199〕胡军．文化：软实力、硬实力及其相互关系〔J〕．南阳理工学院

学报，2009（1）.

［200］李文儒.“软实力”与“硬实力”［J］.紫禁城，2008（3）.

［201］任远远.“软实力”与“硬实力”关系研究［J］.现代商贸工业，2009（22）.

［202］郑硕农.“硬实力”和“软实力”［J］.国际公关，2005（2）.

［203］张颐武.硬实力·软实力·巧实力［J］.新湘评论，2009（4）.

［204］刘淑敏.软硬实力要协调发展［J］.通信企业管理，2007（4）.

［205］萧树阳.软文化与硬实力应有机结合［J］.中国电力企业管理，2008（22）.

［206］王小东.中国的问题是软实力与硬实力不对称［J］.绿叶，2008（1）.

［207］聂震宁.文化软实力与文化硬实力［J］.大学出版，2008（4）.

［208］张亚勤.创新要兼顾软硬实力［J］.经理人，2008（11）.

［209］邢建海.企业软实力是硬实力增长的重要支撑［J］.华北电业，2007（6）.

［210］柳献初.企业的硬实力与软实力刍议［J］.汽车工业研究，2007（10）.

［211］梁环忠.商业银行实行客户经理制的再思考［J］.河北金融，2010（3）.

［212］高敬.我国商业银行客户经理制存在的问题与对策思考［J］.经济师，2008（2）.

［213］Ballou R，Bowers D，Boyatzis R E and Kolb D A. Fellowship in lifelong learning. An executive development program for advanced professionals［J］. Journal of Management Education，2000，23（4）：338~354.

［214］Barrett G V，Depinek R L. A reconsideration of testing for competence rather than for intelligence［J］. American Psychologist，2000，46（2）：1012~1024.

［215］Barrett G V. Empirical data say it all［J］. American Psychologist，1994，49（1）：69~71.

［216］Boyatizis R E. Rendering unto competence the things that are competent［J］. American Psychologist，1994，49（1）：64~66.

［217］ Cowan J. Barrett and Depinet versus McClelland ［J］. American Psychologist, 1994, 49 (1): 32~34.

［218］ David C McClelland. Testing for competence rather than for intelligence ［J］. American Psychologist, 1973 (28): 1~14.

［219］ Dierendonck D, Schaufeli W B, Buunk B P. The evaluation of an individual burnout intervention program: the role of inequity and social support ［J］. Journal of Applied Psychology, 1998, 5 (3): 392~407.

［220］ Flanagan J C. The critical incident technique ［J］. Psychological Bulletin, 1953, 51 (4): 327~358.

［221］ Hay Management Consultants. Hay Realizing Strategy through People, Guidance Book ［M］. Boston: Haygroup, 1998.

［222］ Gerald V B, Robert L D. A reconsideration of testing for competence rather than for intelligence ［J］. American Psychologist, 1991 (6): 1012~1024.

［223］ Jacohs. From Generic Competencies to Specific Organic Competencies ［J］. Human Resource Planning, 1996, 24 (4): 56~62.

［224］ Jeffery S Shippmann, Ronald A Ash, Linda Carr, Beryl Hesketh. The practice of competency modeling ［J］. Personnel Psychology, 2000, 53 (3): 703~740.

［225］ Mansfield. Intellectual Property Protection and U. S. Foreign Direct Investment ［J］. Review of Economics and Statistics, 1996, 78 (3): 181~186.

［226］ McClelland Dc. Identifying competencies with Behavioral Event Interviews ［J］. Psychological Science, 1998, 7 (1): 84~93.

［227］ McClelland Dc. competence vs competency ［J］. Psychological Science, 2001, 54 (1): 55~58.

［228］ Michael P Leiter, Christina Maslach. The impact of interpersonal environment on burnout and organizational commitment ［J］. Journal of Organizational Behavior, 1988, 9 (4): 297~308.

［229］ Nordhaug. Competence specificities in Organizations ［J］. Journal of Occupational and Organizational Psychology, 1998, 22 (28): 8~29.

［230］Nygren D J, Ukeritis M D. The future of religious orders in the United States: Transformation and commitment ［J］. International Journal of Conflict Management, 2004, 15（1）: 6～28.

［231］Pfefferj, Veigajf. Putting people fist for organizational success ［J］. Academy of Management Executive, 1999, 15（1）: 6～28.

［232］Richard Boyatzis. The Competent Manager ［J］. Journal of Social and Clinical Psychology, 2001, 20（1）: 82～98.

［233］Ron Sanchez. Understanding competence - based management identifying and managing five modes of competency ［J］. Journal of Business Research, 2004（57）: 518～532.

［234］Rumelt, R Dan Schendel, David Teece. Fundamental Issues in Strategy ［J］. Harvard Business Review, 1994, 22（3）: 79～98.

［235］Sandberg J. Understanding Human Competence at Work: An Interpretative Approach ［J］. Academy of Management Journal, 2000, 2（43）: 9～25.

［236］Shi K. Organizational behavior research in transitional time of China ［J］. Journal of Management, 2005, 12（1）: 1～16.

［237］Shi K, Wang X C. A Research of Psycho - simulation Training on Modern Operators. In: Proceedings of the Second Afro - Asian Psychological Congress ［M］. Beijing: Peking University Press, 1993.

［238］Shi K, Lu J F, Fan H X, Jia J M, Song Z L, Li W D, Gao J, Chen X F, Hu W P. The Rationality of 17 Cities' Public Perception of SARS and Predictive Model of Psychological Behaviors ［J］. Chinese Science Bulletin, 2003, 48（13）: 12～14.

［239］Siu V. Managing by competencies - study on the managerial competencies of hotel middle managers in Hong Kong Hospital management ［J］. Journal of Employment Counseling, 2004, 41（1）: 29～37.

［240］Spencer L M & Spencer S M. Competence at Work ［M］. John Wiley&Sons, Inc. , 1993.

［241］Street stories. Interview with Trading Psychologist Van K. Tharp ［EB/OL］, 2005 ［2005 - 10 - 11］, http: //www. streetstories. com/.

[242] Walumbwa F O, Wang P, Lawler J, Shi K. The role of collective effi-cacy in the relations between transformational leadership and work outcomes [J]. Journal of Occupational and Organizational Psychology, 2004 (77): 515 ~ 530.

[243] Walumbwa F O, Lawler J, Avolio B J, Wang P, Shi K. Transformational leadership and work – related attitudes: The moderating effects of collective and self – efficacy across culture [J]. Journal of Leadership and Or-ganizational Studies, 2005, 11 (3): 21 ~ 22.

[244] William D Spangler. Validity of Questionnaire and TAT Measures of Need for Achievement: Two Meta – Analyses [J]. Psychology Bulletin, 1992, 112 (1): 140 ~ 154.

[245] Wang P, Lawler J, Walumbwa F O, Shi K. Work – family conflict and job withdrawal intentions: the moderating effect of cultural differences [J]. Inter-national Journal of Stress Management, 2004 (11): 392 ~ 412.

[246] Winter D G, McClelland D C. Thematic analysis: An empirically de-rived measure of the effects of liberal arts education [J]. Journal of Educational Psychology, 1978, 70 (1): 8 ~ 16.

[247] Winter D G. Manual for scoring motive imagery in running text [J]. International Journal of Conflict Management, 2002, 11 (3): 255 ~ 265.

[248] Bentler P M, Bonnett D G. Significant tests and goodness of fit in the a-nalysis of covariance structures [J]. Psychological Bulletin, 1980, 88 (3): 588 ~ 606.

[249] Sandberg J. Are Phenomeno graphic Results Reliable [J]. Journal of Nordic Educational Research, 1995 (15): 156 ~ 164.

[250] Coleman, James. Social Capital in the Creation of Human Capital [J]. American Journal of Sociology, 1988, 94 ~ 98.

[251] D C McClell and R E Boyatzis. Leadership motive pattern and long – term success in management [J]. Journal of Applied Psychology, 1982, 67 (6): 737 ~ 743.

[252] Schippmann J S, Ashra B M. The Practice of Competency Modeling [J]. Personnel Psychology, 2000, 53 (3): 703 ~ 740.

［253］Steiger J H. Structure Model Evaluation and Modification：An Interval Estimation Approach ［J］. Multivariate Behavioral Research, 1990 (25)：173～180.

［254］Yukl G. Leadership in Organizations ［J］. Englewood Cliffs：Prentice - Hall, 1994.

［255］Goldfried M R, D'Zurilla T J. A Behavioral Analytic Model for Assessing Competence ［J］. Current Topicsin Clinical and Community Psychology, 1969 (1)：151～196.

［256］Sandberg J. Understanding Human Competence at Work：An Interpretative Approach ［J］. Academy of Management Journal, 2000, 43 (1)：9～25.

［257］Attewell P. What is Skill ［J］. Work and Occupations, 1990 (4)：422～448.

［258］Norris N. The Trouble with Competence ［J］. Cambridge Journal of Education, 1991 (3)：331～341.

［259］McDonald R P, Marsh H W. Choosing a Multivariate Model：Noncentrality and Goodness of Fit ［J］. Psychological Bulletin, 1990 (107)：247～255.

［260］Nordhaug O. Competence Specificities in Organizations：A Classificatory Framework ［J］. International Studies of Management & Organization, 1998, 28 (1)：8～29.